新版
ビジネス実務総論

水原　道子
大島　武
　　編著

上田　知美
岡田小夜子
坪井　明彦
髙橋眞知子
野坂　純子
森山　廣美
　　著

樹村房

はじめに

　世界の国々が，政治・経済はじめ教育や環境問題に至るまで，大きな変革をしようとしている現在の社会において，広く高い視点に立って世界の現象を見渡して考えることは，重要なことです。なにより，責任ある社会人となるためには，グローバル社会におけるビジネスのあり方や企業活動はじめ，働き方や日常生活のさまざまについて，しっかりとした知識と正しい判断力を身につける必要があると考え，明快な社会・時事・経済に関するビジネス入門テキストとして，本書を作成しました。

　ビジネス社会を現実のものとしてイメージしにくい学生の方々に，自分を取り巻く地域社会から，情報社会・グローバル社会に生きる私たちが正しく認識しておかなければならない数多くの事柄を，タイムリーな事例をトピックス的に挿入し，学びのきっかけとしていただけるように構成しました。

　また，作成するにあたっては，それぞれの事象についてのグループワークが可能となるように，演習課題も工夫しました。

　第1部は，グローバルな視点を加えて，ビジネス社会と企業組織についてまとめました。第2部では，働く人々を取り巻く法律と社会制度や，地域社会でのさまざまな行動を考え，いまもっとも注目を集めている，個人情報や著作権などの情報管理についてもわかりやすく解説しました。第3部は，各章のポイントを振り返りながら学びをまとめ，各種の試験対策としての用語を確認チェックするなど，1ページごとに切り離して，いろいろな使い方ができるようにしました。

　本書が，経営学・ビジネス実務・地域社会を学ぶ方々の，基礎・教養のテキストとしてはもちろん，現代社会へ向けての基本情報として，ビジネス社会や働き方への興味・関心を促し，ひいては自分の生き方を考えるきっかけとしていただければ，執筆者一同，本当にうれしい限りです。

　最後に，本書の出版にあたり多大なご尽力を賜りました，樹村房の大塚栄一社長に心からの感謝とお礼を申し上げます。

　　平成29年3月

執筆者一同

新版 ビジネス実務総論
もくじ

はじめに　3

第1部　企業とビジネス社会 …………………………………………… 11

第1章　ビジネス社会とは ………………………………………… 13

1．ビジネスと経営資源　13
　（1）経営資源とは　14
　（2）企業革新とM&A　16
2．社会と企業　17
　（1）生活とビジネス　18
　（2）職業と個人生活　21

第2章　企業とは ………………………………………………… 23

1．企業とは　23
　（1）企業の目的　23
　（2）経営理念とCI　24
　（3）コーポレートガバナンス　25
2．企業の種類　25
　（1）出資者による分類　25
　（2）出資の責任や義務による分類　26
　（3）企業の規模による分類　27
　（4）その他の企業　28
3．代表的な会社　28
　（1）株式会社　28
　（2）合同会社　29
4．企業の組織と役割　30
　（1）組織とは　30
　（2）職能別組織　30

(3) ライン部門とスタッフ部門　31
　5．企業の会計　32
　　　(1) 収益・費用・利益　32
　　　(2) 営業利益と経常利益　32
　　　(3) 財務諸表　32
　6．業種と職種とは　33

第3章　経済の動きと日常生活 …………………………………… 35

　1．身のまわりの経済　35
　　　(1) 3つの経済主体　36
　　　(2) 消費者物価指数　36
　　　(3) 市場価格と需要・供給　37
　2．不景気を長引かせる経済現象　38
　　　(1) デフレ（デフレーション）とは　38
　　　(2) スタグフレーションとは　39
　3．円高のもたらすもの　40
　4．バブル経済とリーマン・ショック　41
　　　(1) 高度経済成長期（1955〜1973年）　41
　　　(2) バブル経済　43
　　　(3) リーマン・ショック　44
　　　(4) 貧困・格差社会　44

第4章　グローバル社会とビジネス …………………………… 45

　1．グローバリゼーションと新興国　45
　　　(1) 21世紀型グローバリゼーションの進行　45
　　　(2) グローバリゼーションと日本経済　47
　　　(3) グローバル企業の取り組み　48
　2．インバウンドと観光ビジネス　49
　　　(1) インバウンドの経済効果　50
　　　(2) 観光ビジネス　53

第2部　社会生活と労働 ……………………………………………………… 55

第1章　さまざまな働き方 ……………………………………………… 57

　1．働くとは　57
　　（1）働く意義　57
　　（2）学生と社会人　58
　　（3）求められる人材とは　58
　　（4）自己啓発　60
　　（5）社会人として働くために　60
　2．働き方の変化　62
　　（1）少子高齢化・人口減少社会　62
　　（2）労働力人口　63
　　（3）ダイバーシティ　63
　　（4）正規雇用と非正規雇用　64
　3．ライフプランとキャリアプラン　66
　　（1）ライフプランとキャリアプラン　67
　　（2）ワーク・ライフ・バランス　68
　　（3）キャリアデザイン　68

第2章　税と社会保険 ……………………………………………………… 69

　1．税とは　70
　　（1）税とは　70
　　（2）税金の役割　70
　　（3）税金の分類方法　71
　　（4）給与所得者の税　72
　　（5）マイナンバー制度　73
　　（6）今後の税のあり方　73
　2．社会保険とは　74
　　（1）社会保険とは　74
　　（2）労働保険　74

(3) 社会保険　76
　3．**労働と法**　77
　　　(1) 労働基準法　77
　　　(2) 三六（さぶろく）協定　77
　　　(3) さまざまな労働法　77
　　　(4) 「書面」による労働契約　78

第3章　地域連携とボランティア　79

　1．**人材育成の仕組み**　79
　　　(1) 会社の人材育成　79
　　　(2) 大学の人材育成　80
　2．**ボランティア**　82
　　　(1) ボランティアとは何か　82
　　　(2) ボランティアの意義　83
　　　(3) ボランティア活動の探し方　84
　　　(4) ボランティア活動から学ぶ　85
　3．**地域連携**　86
　　　(1) 地域連携の背景　86
　　　(2) 地域連携の事例―まなびとプロジェクト　87
　　　(3) 地域連携PBLの課題　88

第4章　現代社会における情報管理　89

　1．**情報管理の重要性**　89
　　　(1) 情報とは何か　89
　　　(2) 情報管理のポイント　90
　　　(3) 文書情報の管理　91
　　　(4) コンピュータネットワークによる情報管理　92
　2．**個人情報の取扱い**　93
　　　(1) プライバシー権とは　93
　　　(2) 個人情報の定義　93
　　　(3) 個人情報の種類　94
　　　(4) ビジネスにとっての個人情報　94

3．インターネットとビジネス　95
　（1）ビジネスにおけるインターネットの活用　95
　（2）ネット活用の留意点　96
4．知的財産権の保護　97
　（1）産業財産権　98
　（2）著作権　98
　（3）著作物のビジネス利用　100
5．情報化時代を生き抜くために　100

第3部　サブノート　……………………………………………………………… 101

　ふりかえりシート──授業のまとめ　103
　用語──時事用語説明・就職用　127
　一般常識テスト──就職・秘書検定用　131

　参考資料・文献　147

第1部
企業とビジネス社会

　今，社会は大きな転換期を迎えている。国の内外を問わずダイナミックに揺れ動くビジネス社会を生きていく私たちは，斬新な感覚と最新の情報をつかみとり，状況に適応していかなければならない。そのための第一歩として，企業についての基本と現状を理解しよう。グローバル化のすすむビジネスの現場で用いられる言葉の数々や，法と精神などとともに，「企業とはどのような仕組みになっているのか」「私たちの生活とどのようにつながっているのか」など，今まで未知であったことに目を向けていこう。そして，これらの現代ビジネスのポイントを学びながら，企業の抱える問題点などを具体的に考えていこう。

第1章　ビジネス社会とは

　広辞苑によると，ビジネスとは「生産・営利の目的で，継続的に事業を経営する企業と企業が行っている活動」と表現している。詳しく説明すると，ビジネスとは，利益を追求して存続・発展していくことを目的に，さまざまな資源を活用して企業と企業，あるいは企業と個人の間で行われる取引など，価値を創出する事業活動のことといえる。

　もちろん，今日のビジネス活動はこの生産・営利の目的だけではなく，「非営利的な活動」も大きな要素となってきている。少子高齢化やグローバルな社会となった現在，複雑で多様な要素を含む人々の生活を守り，より良い社会へと導くための努力や方策である非営利活動は，尊く大切なものであり，忘れてはならない。しかしここでは，ビジネスを生産・営利を目的とした，いわゆる営利的商取引活動に視点をおいたものとして捉えていく。

 事例で学ぼう　〜自動車業界〜

　自動車について考えてみよう。自動車会社は，人々がどのような車を欲しいと考えているかという「消費者ニーズ」を調査・把握し，それを基に「企画・設計」を行い，設計図に基づいて「生産」し，できあがった製品を「広報・営業」して「販売」する。販売によって売り上げを「回収」し，それまでにかかった「経費」の計上を行い，「利益の確保」を行う。そしてその利益を納税や配当などとして「活用・配分」を行い，次への展開につなげていく。これらの一連の活動が，ビジネスなのである。

 アパレル・住宅・金融・家電・医療福祉など，各自が興味のある業界についてのビジネス活動を具体的に考え，図で表示してみよう。

1．ビジネスと経営資源

　現代社会の生活においては，AIロボットや4Kテレビの登場，スマホやアイフォンの普及，ネットショッピングの増大など，想像もできない早さで次々と新しい波が押し寄

ている。ビジネスの現場にもこれらの新しい波は「技術革新」(イノベーション)として表れ、グローバル化や技術変化のスピードの速さとともに、さまざまな影響をもたらしている。とりわけ2008年に発生したリーマン・ショック[*1]は、世界中の企業をかつてないほどの厳しい状況に追い込んだ。販売する「モノ」は安く、資源は高く、活動の元となる「カネ」は減少し、当然の結果として企業の目的である「利益」は大幅に減少した。そのうえ、「情報・ナレッジ[*2]」にかかるコストは増大の一途である。このような状況の中で、企業は「ヒト」や原料などに新たな工夫をすることで、利益の確保を目指そうとしている。しかし、現実には法律や文化・環境問題をはじめ、グローバル化にともなう海外のライバルとの競合など、問題は山積している。

(1) 経営資源とは

ビジネスを行うには、リーマンショックの例で明らかなように、ヒト・モノ・カネ・情報・ナレッジの、5つの要素が必要となる。この5つの要素を、経営資源と呼んでいる。

「ヒト」とは、経営者・従業員などの働く人々を中心としたマンパワーを指している。「カネ」とは、資金・株式などの資本や、利益・費用などを指し、「モノ」とは、取り扱う商品やサービスはもちろんのこと、土地や工場・オフィスをはじめ、機械・設備や製品の元となる原材料などを指す。

以前は、このヒト・モノ・カネの3つを経営資源と考えていたが、現在ではこれに加えて、文化・技術・知識などの「ナレッジ」と「情報」が経営に欠かすことのできない重要な資源であると考えている。これらの経営資源がどのように活用され、どの資源が重要な役割を果たすのかは時代のニーズによって変化し、それがビジネスのポイントとなる。

しかし一方で、これらの資源は経費として大きな負担となる。たとえば「ヒト」は、開発のための頭脳であり、生産のための労働力であり、販売のための営業力となっている。反面、人件費という大きな経費でもある。「情報」においては、情報を収集・管理するための施設・設備に膨大な経費がかかる。つまり、資源と経費は表裏一体なのである。

しかし、企業は目的を達成するために、それぞれの時代背景の中で経営資源を有効に活用し、企業環境を考えながら、より発展・繁栄していくための努力を続けている。そして、少しでも有能で効率的な多くの経営資源を蓄えて、新しいビジネス・チャンスを開発していくことを目指している。

この新たなビジネスチャンスの開発の具体例として、「ヒト」資源では、社員の自己実

[*1] 米証券会社のリーマン・ブラザーズの破たんがきっかけでおこった世界的金融危機
[*2] 知識・学識・知的財産

現による達成感や新しい能力開発，「カネ」資源では，M&A*3などの企業組織の変化，「ナレッジ」資源では，R&D*4の技術獲得などがある。

 事例で学ぼう　〜変化する経営資源〜

　封建時代から近代までは「モノ」としての「土地」が重要であった。少しでも多くの土地を有することが社会支配につながっていた。有効な土地面積の少ない日本では土地の重要性が長く続き，土地神話となりバブル景気を生む素地となった。

　やがて近代化の訪れとともに，建物・機械・原材料などの購入や入手に資金が必要となり，「カネ」の重要性が増していった。そして経済の発展とともに人手不足が起こり，「ヒト」が重要な資源となった。1960年代の日本における高度経済成長期には，工場などの現場で働く若年労働者は「金の卵」と呼ばれるほどの人手不足となった。

　そして現代では，さまざまな戦略や技術開発，情報の収集・管理などの「情報・ナレッジ」が，ビジネスで勝ち抜くための重要な資源となった。

　現代における「ヒト」資源では，どのような行動・能力が評価されるのかを話し合ってみよう。この答えは，就職活動をするときの自己PRをまとめる一つのヒントになる。

図表1-1　変化する経営資源

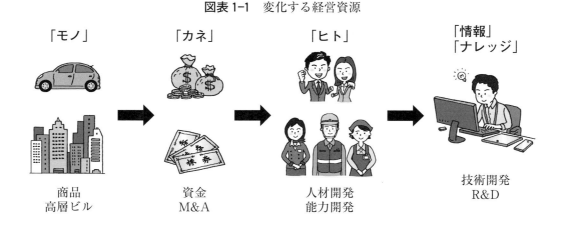

＊3　企業の合併，買収
＊4　研究開発。企業の成長力の源泉となる技術を創造し，事業化へと結び付けていく活動

（2） 企業革新とM＆A

　企業は厳しい現実を踏まえ，さまざまにアンテナを張りめぐらせて情報や知能を集めるとともに，社会の動きと法律を見据えて戦略を工夫している。この戦略行動を「企業革新」という。企業革新には，事業の統廃合や社名の変更をはじめ，新店舗の展開や画期的な価格，想像を超えるユニークな新商品の開発などがある。この企業革新には，一つの企業が単独で行う場合と，必要に応じて適切なパートナーを見つけて新たな力として展開していく場合とがある。近年，この革新・改革は，医療や教育の現場でも推進されている。

①　M＆A（合併・買収）

　この新たな企業革新の一つが，「M＆A」（合併・買収）である。M＆Aとは，2社以上の企業がそれぞれに有効な条件をつけて新たな法人[*5]をつくること（合併）や，優位な立場で他の企業の一部または全部を買い取り，自社に取り入れること（買収）である。

　企業はなぜ，このM＆Aを行うのであろうか。その目的は，大きく3つ考えられる。

　一番大きな目的は，自社にはない人材・土地・販売網・開発力などの，経営資源を獲得することである。2番目は，販売・営業力や研究力などに相乗効果が期待できることである。3番目は，事業の拡大によるリスクの分散とコストの効率化である。

　M＆Aは，欧米社会においては以前から盛んに行われていたが，日本では国民感情も関係して，活発に行われていなかったのが現実である。しかし，ビジネスのグローバル化や厳しい経営状況などが導火線となり，近年日本においても著しく増加している。

　また，M＆Aは，手早くさまざまな経営資源を得ることが可能な半面，創業関係者の影響力が大きい企業などの微妙な人間関係や，外国企業における文化の相違など，摩擦が起こることも多い。実施にあたっては明確なM＆Aの目的や必要性を，地域社会や全ての新旧の関係者に伝え，説得や納得に向けて行き届いた準備段階を踏むことが重要である。

②　企業連携

　M＆Aまで大がかりではないが，複数の企業がそれぞれの強み・弱みを補完し合い，効率的にビジネス活動を行うという「企業連携」がある。これも企業革新の一つである。企業連携は，それぞれの企業が自社の立場を変えることなく，研究開発・生産・営業・販売などの業務において，ヒト・モノ・情報などの共有化を行い，スケールメリットによる

＊5　法律上，人間と同じように権利能力を認められた組織体で，一定の社会的活動を営むもの

コストの低減と，利益の拡大を図るものである。

 事例で学ぼう　〜コンビニエンスストア〜

　近年話題となった，コンビニエンスストアのA社とB社の企業連携をみてみよう。
両社は，店舗を展開している地域が異なり，販売面での競合はない。しかも，同じような商品を扱っているので，一括仕入れや配送ができ，経費の削減ができる。
　そのうえ，商品力が優れているA社と，知名度が高いB社がお互いの長所を活かして人材確保や全国的な販売力アップが目指せる。この「連携」という方針が正しかったことは，その後の両社の年間売上高と利益の大幅アップという結果に表れている。
　このような連携・提携した企業の実例について話し合ってみよう。

 ティータイム

〜元の会社はどこだった？M＆Aの事例〜

　　　ユニー・ファミリーマート　…　ファミリーマート＋サンクス＋サークルK
　　　みずほ銀行　…　日本興業銀行＋富士銀行＋第一勧業銀行
　　　H_2O ホールディング　…　阪急阪神＋イズミヤ＋ニッショー＋そごう・西武
　　　三菱東京UFJ銀行　…　東京銀行＋三菱銀行　⇒　東京三菱銀行
　　　　　　　　　　　　　　三和銀行＋東海銀行　⇒　UFJ銀行

2．社会と企業

　企業は，私たちの社会生活の中でどのような立場・役割を担っているのだろうか。
　いうまでもなく，企業は製品やサービスを社会に送り出し，利益をあげることが一番大きな役割である。それぞれの製品やサービスには，企業や企業で働く人々の熱い思いと努力が凝縮されている。これらの企業としての思いや考え方・方針を表したものを「CI[*6]」という。企業は，素晴らしい「CI」を打ち出すことによって社会からの支持を得，一方で，このような企業の努力が，社会全体を前進させる力となるのである。
　なお，さまざまな企業の形態については，第2章で詳しく学んでいく。

＊6　コーポレートアイディンティティ。企業全体の考え方・方針

（1） 生活とビジネス

　私たちは，日常生活の中で企業側と消費者側の両方の立場に立って社会に存在している。つまり，企業側として，生産者の立場で製品を創出したりサービスを提供することで収入を得ている。一方で，消費者として，生活に必要な製品やサービスを手に入れるために支払いをしている。そして，収入から支出を差し引いた残りを貯蓄や投資にまわし，株主や預金者として，企業を支えているのである。表現をかえると，企業は私たちに働くモチベーション*7 を与えて個人やチームとしての力を発揮させ，良い製品の生産やサービスの提供を行い，利益を得るのである。その利益の中から私たちに報酬を支払うとともに，税金や文化活動をとおして社会基盤のための貢献をしている。このように企業と私たちは，お互いに支えあって社会というサイクルを作っているのである。

図表 1-2　社会と企業

社会生活								
納税	配当	社内留保	社会貢献	人件費	原料費	営業経費	固定費	開発費
利益				経費				
売上								
ビジネス活動								

ティータイム

　～知ってる？　社会貢献に関係する言葉～
　　インフラ：社会生活の基盤となる公共の施設や設備。道路・上下水道・学校・病院など
　　メセナ：企業の文化芸術支援活動
　　フィランソロピー：慈善活動・福祉活動
　　ボランティア：自発的に社会事業活動に無報酬などで参加する人

＊7　仕事の動機付け，意欲，やる気

事例で学ぼう　〜配送サービス〜

　「宅配便」を考えてみよう。テレビCMにあるように，今やゴルフやスキーに行くときはもちろん，旅行のときも大きな荷物や土産は宅配便で送り，自分は身軽に移動するというスタイルが定着してきた。中元や歳暮も本人が持参して「ご挨拶」することはごく限られた場合となり，多くは百貨店などから直送するスタイルになっている。また，スマホやIT機器の普及によって通信販売が日常的になり，商店や百貨店などの店頭販売が著しく減少している。このように，ビジネス活動の進化が，日常生活や人間関係・働き方など，私たちの生活スタイルに変化を造り出している。

 ビジネス活動の進化によって，日常生活が変化した例を話し合ってみよう。また，その変化がもたらした，メリット・デメリットを考えてみよう。

① CSR（企業の社会的責任）

　CSR（Corporate Social Responsibility）とは「企業の社会的責任」と訳され，企業が事業活動を展開する中で，社会や地域の一員としての責任と義務を果たすという取り組みを意味している。物質的に豊かでなかった時代には，企業は「働かせてやる」「売り手の勝手」「少しは公害を大目に見て」などという，身勝手で尊大な意識があった。しかし，物質的に豊かになった現代においては，企業が経済活動を維持・発展させるためには，その企業の必要性が社会から認められなければ存在できない。言い換えると，企業がどのようにビジネス活動を行い，そこから得た利益をどのように活用・配分していくのかを，社会が監視し，そのうえで企業の必要性を評価しているといえる。

　その企業が地球環境のためにどのような対策・設備をしているのか，社会への支援や寄付を行っているのか，労働者や家族が満足をする処遇を行っているのか，資金の運営・管理に問題はないかなど，インターネットや公開された情報をもとに，常に多くの公平な目が監視している。企業はその監視にしっかりと向き合い，社会の一員として胸を張って活動するシステムでなければいけない。それがCSRであり，企業のプライドともいえる。

② コンプライアンス（法令遵守）

　「良き企業市民」という言葉が示すように，企業には守るべきルールと基準がある。たとえば，企業としての第一使命の安全性である。これは，地球環境のための公害防止や，従業員の安全と健康を守ることなどを公正で誠実に実行することで，社会に対する安全が確保される。現代社会において，公平・公正・誠意に関しては企業の基本責任として厳しい市民の目が注がれている。このルールや法を守ることを「コンプライアンス」（法令遵

守)という。企業はコンプライアンスを実効するために，取引においての不正行為や，生産途上での公害発生や，人材登用での不公平な評価や脱税行為など，さまざまな不正行為を防止するための全社的なシステムを作ることが不可欠となった。このようにコンプライアンスが企業活動の中で重要視されるようになったのは，社会や人々に，エコ意識やCSR，ステークホルダーなどの企業責任に対する意識が強くなったことに起因している。

　コンプライアンスには，法律だけではなく会社の決めたルール，いわゆる社内規定や社会通念上守らなければならない倫理的なことなども，しっかりと守ることが含まれている。つまり，「しなければならないこと」と，「してはならないこと」をしっかりと認識して行動することが，コンプライアンスの基本といえる。

　近年の急速な業務拡大や利益優先主義による生産時の衛生管理や検品のずさんさ，長時間残業などの労働条件の日常的な違反などのブラック企業問題，職場内における人間関係の複雑化による各種ハラスメント，うつなどの健康障がいの増大など，次々とニュースに取りあげられるコンプライアンス違反は，企業や働く人々の責任感の欠如や，公平意識の低さ，利益優先による消費者無視などが原因と考えられる。

　これらの悪い慣習や事実を減らすためには，企業・組織の内外からのチェック体制を整え，告発者を守る仕組みと相談できる環境を作ることをはじめ，コンプライアンスに反した場合のリスクを認識するための研修や情報の共有を図ることが大切である。

　そして，企業全体としてはもちろんのこと，そこで働く一人ひとりがしっかりとルールと正義を認識し，自分自身の心と仕事に誇りと責任をもって行動することである。それこそが企業としての正しい姿勢であり，繁栄し続けることができる「良き企業市民」を造りあげるのである。

 事例で学ぼう　〜コンプライアンス〜

　コンプライアンス体制が不十分であった事例として，自動車業界の「リコール問題」，食品の「産地偽装問題」，商社の「粉飾決算問題」などがある。一度でもルール違反を行った企業は，社会での信頼を大きく失い，長く苦境に立たされることとなる。

　具体的な事例について，最新のニュースで考えてみよう。就職の面接で「印象に残るニュース」の質問がある。常にニュースに気を配っておこう。

③ ステークホルダー（利害関係者）

　CSRなどにおいて，企業の活動を見守っている人々の中で「利害のある関係者」を，ステークホルダー（Stakeholder）という。このステークホルダーには，従業員・家族・労働組合や，株主・投資家はじめ，取引先・関連会社，消費者，債権者・債務者，行政・地域社会など，多様な立場がある。ステークホルダーはそれぞれの立場で，企業と社会と自分自身にプラスになるように，助言や支援を行っている。企業はこれらのステークホルダーの監視に応えつつ，バランスを取りながらビジネス活動を行っているのである。

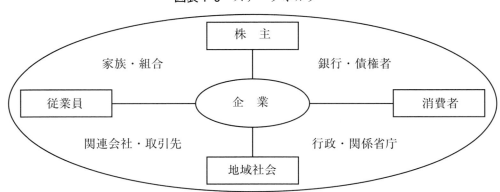

図表1-3　ステークホルダー

（2）職業と個人生活

　働く人々は，企業の目的を達成するために労力や能力を提供している。その労力や能力は，実に多様なものである。そしてまた，必要とされる労力・能力は，景気の変化や技術の進歩，情報化の進展など，状況と環境によって大きく変化していく。そして，一人ひとりに求められる技能が，IT化やグローバル化によってかつてないほどに変化し，高度化している。このような現実の中で，人々は一人前の社会人として存在するためにも，労力・能力を向上させようと努力をしながら働いている。

　一方で，厳しい世界経済を反映して企業は，「必要な質を，必要な数のみ，必要な時に雇用する」という姿勢をとらざるを得ないのが現実である。企業が短期的な目で利益確保のための雇用方針をとる中で，不変の能力となるのは専門性と人間力なのではないだろうか。すべてのビジネスが何かを売ることで成立しているのであるならば，確実な利益を生むためにはリピート率を高めることである。それを可能とするのは，買い手・利用者であるお客さまの心に響く「お役に立てる心配りと技術力」である。

① エンプロイアビリティー（汎用的職業能力）

　社会人としてしっかりと自立するためには、働く一人ひとりが強い心構えを持つとともに、確実に自己の能力開発を行い、客観的評価をあげる努力をしなければならない。しかも、現在のビジネス界においては、これまでの日本経済の牽引要素の一つであった終身雇用[*8]と年功序列[*9]という、日本型雇用制度が崩壊の道をたどっているのが実状である。そのため、「自由と自己責任」を打ち出した採用・雇用となり、一度入社した会社に自分の人生を預けるというわけにはいかない時代となった。人材流動化という言葉のもとで、能力も自己責任で開拓・開発し、積極的に自己アピールしなければ職場を得ることができない。だからこそ、どんな環境・職場でも通用する、「エンプロイアビリティー（Employability：雇用条件にかなう職業能力）」が必要となるのである。このエンプロイアビリティーには、語学力やさまざまな資格を取得することも含まれる。たとえば、通関士・整備士・宅地建物取引主任者・社会保険労務士をはじめ、中小企業診断士や司法書士・税理士などがある。もちろん、どのような場面でも好感度のコミュニケーションがとれることなど、その人の「属性[*10]」に関わるものが大切なエンプロイアビリティーであることはいうまでもない。これこそがビジネスにおけるリピート率をあげる底力となる、人間力なのである。

② 共生社会

　このような私たちの職業生活において、現在の少子高齢社会の中で安定した仕事と活力ある地域社会を維持・確保していくためには、多様な立場の人々がそれぞれの能力を十分に認め合い、発揮しあって、共に自立し、支え合っていくことが重要となる。

　いうまでもなく、少子高齢社会は、労働力の急激な減少と生産性の低下や社会サービスの低下をもたらすものである。これらのマイナス現象を埋めるためには、国や人種の枠を越え、年齢や性別や障がいの有無を問わず、個人としての人格を尊重し、明るく・楽しく・豊かな心で共に思いやり、支え合いながら、新たな労働と生産を作りあげていくことが、企業にとっても、働く一人ひとりにとっても、大切なことである。これが「共生社会」の心である。この共生社会の理念は今後ますます重要度を増し、企業革新やグローバル化、AIロボットの活用の中で、想像を大きく超える新たな職場・職業を作り出し、ビジネス社会のあり方を大きく変えていくことになるだろう。

[*8] 一度雇用されたら定年まで継続して雇用されるシステム
[*9] 勤続年数や年齢により、地位や賃金が上昇する雇用形態
[*10] 本来そのものが備えもつ、根本的な固有の性質、特徴

第 2 章　企業とは

　企業とは何なのだろうか。私たちは一口に企業と言っているが，そこには多くの種類が含まれている。その中で代表的な企業が株式会社である。企業はビジネス活動を有効に進めるために，組織を作り上げている。企業の財務諸表をみれば業績や活動状況がわかる。一方で，企業がどのような業種に属しているのかも知る必要がある。
　本章では，社会人となったときに必要なこれらの企業についての基礎を学んでいこう。

1．企業とは

　企業とは，「継続的に経済活動を行う組織体」である。つまり，事業（ビジネス）を行う組織のことで，「○○会社」「○○公団」「○○店」「○○組合」「○○銀行」などである。
　第1章で学んだように，多くの人にとって生活費を得る場は企業であり，生活のために消費をする場も企業である。企業は給料を払ったり，製品やサービスを提供したりすることによって私たちの生活を支えるとともに，私たちの生活に欠かせない存在となっている。
　また，企業は日本の経済も支えている。企業の行うビジネス活動が活況を呈せば，雇用も増え，日本全体の経済力が高まる。逆にビジネス活動が不活発になると，日本全体の経済力が弱まり，不況となって雇用も減る。このように，企業の活動は私たちの生活に大きな影響を与えるのである。

（1）　企業の目的

　企業は，営利を目的とした私企業と，営利を目的としない公企業，さらに官民共同出資の公私合同企業（第3セクター）の3つに大別されている。個々の企業の特徴については次節で述べる。
　私企業の目的は2つある。第一は利益を確保し，企業全体の維持・発展を図ること。第二は社会に貢献することである。
　企業が維持・発展するために，利益が必要なことはいうまでもない。私企業は常に利益

を意識したビジネス活動を行い，存続のために必要な利益を獲得する手段を考え，実行している。

しかし，利益だけが企業の目的ではない。社会に貢献することも大きな目的の一つである。なぜなら，企業は社会的存在だからである。企業といえども，利益の獲得のためにどんな手段を使ってもいいというわけではない。取引活動を自由に行うことができる権利は「営業の自由」と言われており，これは市場経済における基本原則である。そして，これは「公共の福祉に反しない限り」という条件のもとで認められる（憲法第22条第1項）。

 事例で学ぼう　～スーパーマーケットが果たしている社会貢献とは～

私たちの近所にあるスーパーマーケットは，私企業であるから当然利益の獲得を目指している。一方で，社会貢献も果たしている。

 スーパーマーケットはどのような社会貢献活動をしているのだろうか。具体例をあげてディスカッションしてみよう。

（2）経営理念と CI

① 経営理念

経営理念とは，企業のバックボーンといえるものである。理念とは「こうあるべきだという，根本的・基本的な考え方」である。したがって，経営理念とは，企業が経営を行ううえでの根本的・基本的な考え方，哲学・信念・目標とする理想，ということになる。

経営理念は社是や社訓などを通じて文章化され，経営方針や基本方針などに反映される。経営理念は内部的には企業に参加する社員をまとめるためのよりどころになり，顧客・株主・取引先など，対外的には企業が何を目指しているかを示すものとなる。このような経営理念は，企業のホームページやパンフレットを通じて公開されている。

② CI

CI（コーポレート・アイデンティティ）とは Corporate Identity の略語で，企業が消費者などに対して，統一したイメージを作り出そうとする試みのことである。

消費者は，商品や会社自体にさまざまなイメージを抱いている。企業は，消費者に対して良いイメージを抱いてもらうため，自社の活動や社会的な役割を正しく示すとともに，社名・シンボルマーク・製品デザインなどに表現される記号やシンボルなどを利用して，

統一したイメージを作ろうとする。CIの目指すものは，企業が理想とするイメージと，消費者の企業に対するイメージとが一致することである。CIが確立すると，従業員の企業に対する帰属意識が高まるという効果も生まれる。

 事例で学ぼう　～好きな企業の経営理念は？～

あなたが就職したいと思っている企業や好きな商品を扱っている企業，サービスが好きな企業など，いろいろな業界の企業のホームページで経営理念とCIを調べて発表しよう。

（3）コーポレートガバナンス

コーポレートガバナンスとは「企業統治」という意味であり，企業の活動が社会的に正当性をもっているかどうかを監視することである。監視は，一般的には株主によって株主総会や取締役会などの会社の機関をとおして，経営者に対して行われる。また広い意味では，従業員・消費者・地域社会などのステークホルダー（p.21参照）によっても行われる。

コーポレートガバナンスを強化するためには，不正な経営を防ぐことが第一である。そのための手段として，大企業では不正が行われていないかをチェックする仕組みや体制を作ることが，法律で求められている。このチェックする仕組みや体制のことを「内部統制」という。国は大企業の経営者に対して，毎年内部統制によるチェックの結果を，報告書にまとめて提出することを義務付けている。

2．企業の種類

企業の分類にはさまざまな視点がある。出資者・出資者の責任・企業の規模などに視点をおいて，身近な企業を例に考えてみよう。

（1）出資者による分類

もっとも基本的な分類に，企業を設立するときに誰が資本を出したのか，という分け方がある。この資本を出すことを出資という。出資者によって大きく，私企業・公企業・公私合同企業の3つに分類され，全ての企業は，いずれかに属している。

私企業とは，民間の出資によって設立され，営利を目的として活動する企業をいう。公企業とは，国や地方自治体が出資し，公共性の高い活動をする企業をいう。公企業の経営

は非効率的だという批判が高まり，近年では独立行政法人化や民営化が進められている。また，公私合同企業とは第3セクターと呼ばれ，地域開発や都市づくりなどのため，政府・地方自治体と民間が共同で出資した企業をいう。その他に，特別の法律によって設立された企業もある。

図表 2-1　出資者による分類

公企業	政府系企業	公団・公庫・営団・特殊銀行など
	地方公営企業体	地方公共団体が経営する交通・上下水道・病院・ガスなど
	地方公共企業体	公共性の高い事業を行う住宅供給公社など
私企業	個人企業	会社などの形にしないで事業をする個人商店など
	会社	合名会社・合資会社・合同会社・株式会社・特例有限会社
	協同組合	相互扶助のための事業組織。生活協同組合・農協・漁業など
	相互会社	保険会社独自の企業形態。生命保険会社など
	分野別公益法人	学校法人・医療法人・社会福祉法人・職業訓練法人など
公私合同企業	日本銀行	日本銀行法で定められた我が国唯一の中央銀行
	商工中金	特別法に基づき，中小企業の金融に係る業務を行う金融機関
	特殊会社	特別法により設立された会社でNTT・JT・日本郵便など
	第3セクター	地方自治体と民間の共同出資会社。ゆりかもめ・三陸鉄道など

出典：佐久間信夫編著『よくわかる企業論　第2版』2006 に一部加筆

（2）　出資の責任や義務による分類

　企業は法律の規定によってさまざまな形態に分けられるが，ここでは会社法[*1]で定める出資者の義務や責任により分類する。会社法では，会社（企業）は株式会社と持分会社に分かれ，後者は，合同会社・合資会社および合名会社のことをいう。

---

*1　商法などで定められた会社に関する法律を統合・一本化し，会社法として新たに創設された法律（平成18年）

図表 2-2　出資者の責任や義務による分類

		意味	出資者の責任範囲	最高意思決定機関
株式会社		株主は出資の義務があるだけで，会社の債権者に対して責任を負わない会社を株式会社という	有限責任	株主総会
持分会社	合同会社	社員（出資者のこと）が出資額を限度として責任を負う会社を合同会社という	有限責任	社員全員の合意
	合資会社	社員（出資者のこと）が無限責任と有限責任を負う会社を合資会社という	有限責任と無限責任	
	合名会社	社員（出資者のこと）が直接無限の責任を負う会社を合名会社という	無限責任	

注1）有限会社……2006年の新会社法施行に伴い，会社法の中から消えたがそれ以前に設立した有限会社は今なお有限会社と名乗ることができ，その数は多数ある。新会社法施行以前は株式会社設立のため1000万円の出資が必要であり，有限会社は300万円の出資で設立できた。

注2）持分会社……2006年の新会社法施行に伴い，新しく設立された形態で，合同会社，合資会社，合名会社の総称。株式を公開することができず，社員などの限定された人からのみ資金を集めることができる。

（3）企業の規模による分類

　規模とは企業の大きさをいうが，企業規模を示す指標はさまざまである。中小企業基本法[*2]では，中小企業を示す指標として，資本金と従業員数の2つを用いて，図表2-3のように分けている。中小企業は，業種によって資本金や従業員数が異なる。

　総企業数382万社のうち，中小企業数は，約381万社で99.7％を占めている（2014年）。

図表 2-3　規模による分類

大企業	中小企業			小規模企業
		業種	資本金または従業員	従業員
右記以外	a	製造業・建設業・運輸業・その他の業種（以下を除く）	3億円以下　300人以下	20人以下
	b	卸売業	1億円以下　100人以下	5人以下
	c	サービス業	5,000万円以下　100人以下	5人以下
	d	小売業	5,000万円以下　50人以下	5人以下

出典：『2016年版 中小企業白書概要』に一部加筆

＊2　中小企業に関する施策を総合的に推進するために，昭和38（1963）年に定められた法律

（4） その他の企業

① 多国籍企業・グローバル企業

　多国籍企業とは，複数の国に生産・販売のための現地法人を設立し，その企業の母国から，人・資本・お金・管理方法・技術・販売方法などを移して，世界的な規模で事業活動を展開する巨大企業をいう。近年では，世界的な視点から意思決定をし，主な地域や国に本社や地域本社を設け，包括的に事業活動を行う企業をグローバル企業と呼んでいる。

② 外資系企業

　日本において，外国の資本が入っている企業をいう。具体的には，外国企業や外国人が出資して日本で設立した会社や，外国企業または外国人が，日本企業や日本人と共同で出資して日本で設立した合弁会社をいう。また外国の銀行・証券会社・保険会社などが「支店」「支社」として日本に進出している会社も，外資系企業という。

③ ベンチャー企業

　強い企業家精神や革新的なアイデア・専門技術・事業プランで，革新的な事業を展開する中・小規模の企業をいう。その事業活動をベンチャービジネス（Venture Business，和製英語）という。ベンチャービジネスは，新しい商品・サービスと雇用機会の創造，快適さや幸福感などの新しい価値の創出など，直接・間接に社会に活力を与える機能をもつ。

3．代表的な会社

（1） 株式会社

① 株式会社とは

　株式会社とは，事業資金を調達するために株式を発行し，集めた資金で事業活動を行なう会社のことである。株式を購入した株主は，自己の出資額を超えて会社債権者に責任を負うことはない。これを「有限責任」という。株式会社は大規模な共同事業であることを想定されているため，株主が有限責任でないと株主のリスクが大きく，多数の株主から出資を募ることが困難になってしまうからである。

　出資した会社の所有者である株主は取締役を選任し，選任された取締役は取締役会を構成し事業を遂行する。この場合，株式会社では株主と取締役（経営者）は別人でも構わな

い。これを「所有と経営の分離」という。また，株式会社では原則として株式を自由に売ることができる。これを「株式の自由譲渡性」という。また事業が成功して利益が出ると，株主は株数に応じて配当金を受け取ることができる半面，利益が出ないと原則として配当金はないことになる。

② 株式会社の機関

　株式会社の機関とは，株主総会，取締役，取締役会，監査役，監査役会など，会社の運営に関する意思決定や監査等を行う人，あるいは内部組織をいう。

◆株主総会

　株主総会とは，株式会社の最高意思決定機関である。株主を構成員として，定款の変更，取締役・監査役の選任，会社の解散・合併など，会社の基本的かつ重要な事項について決定する。株主総会には決算期ごとに定時に開かれる「定時株主総会」と，必要に応じて開かれる「臨時株主総会」とがある。株主は株式1株（議決権のない株式は除く）につき1個の議決権を持っていて，その決議は原則として多数決をもって行なわれる。

◆取締役と監査役

　取締役とは会社の経営に関わる人であり，また取締役のうち会社を代表する人のことを「代表取締役」という。取締役は株主総会で選任される。取締役全員で構成される取締役会は業務執行上の最高意思決定機関であり，業務執行の決定，代表取締役の選定などを行う。

　監査役は会社の会計や業務の執行を監査する（適正か否かを検証する）人であり，株主総会で選任される。監査役会は監査役で構成される。

（2） 合同会社

　合同会社（LLC：Limited Liability Company）は，2006年の会社法施行によって認められた新しい会社形態である。株式会社では資金を出資した株主の1株に対し，ふつう1票の議決権が与えられているが，合同会社では資金の出資に加え，特許やアイデアなどの知的財産を出すことも認められ，また出資者の間で利益分配のルールや権限のルールなども自由に設定できる。

　出資者は株式会社と同様にすべて有限責任であり，知的財産が企業の競争力を決定するようになった経営環境を反映して導入された会社形態である。LLCを初めて導入したアメリカでは約80万社が存在するという。日本国内では現在のところ，Apple Japanや西

友などの外資系企業や外国の資本が入っている会社を中心に設立されている。

4．企業の組織と役割

（1） 組織とは

　組織とは，単なる集団ではなく，二人以上の人々が共通の目的をもって計画的・意識的に協働する集団である。いいかえると，さまざまな動機をもった人々が，同じ目標を達成するために，意識的に調整された体系ともいえる。

　企業はまさにこの組織であり，そこでは経営者や管理者が方針を示し，責任感と道徳心に基づいて組織の目的を設定し，これを運営することが求められている。組織を運営するために，企業には，①職務の専門化による分業　②規則の明確化　③文書への記録，という特徴がみられる。

　組織は垂直にみると，以下のように4つの層に分けられている（図表2-4）。

　トップ・マネジメント（経営者層）……方針を決定し，経営計画を立てる。
　ミドル・マネジメント（中間管理者層）……計画を具体化し，下部へ指示する。
　　　　　　　　　　　　　　　　　　　　仕事の結果を検討し，トップへ報告する。
　ロア・マネジメント（監督者層）……一般社員に仕事を指示して進行状態を確認する。
　ワーキングレベル（一般社員層）……仕事を実施する。

　しかし，社会環境の急激な変化により図表2-4のようなピラミッド型の組織では機能しなくなることもある。そこで，迅速な意思決定や機能的な対応のために，フラットな組織も現れている。フラットな組織とは，中間管理者層をできるだけ削った組織である。

（2） 職能別組織

　多くの企業は，水平にみると図表2-4のように営業・製造・人事・経理・総務などの職能に分かれ，そのうえに管理者を置いて，部門化している。このような組織を職能別組織といい，もっとも基本的な組織形態である。組織が職能別に部門化するのは，人間が同じ仕事を繰り返していくと，やがて特定の仕事が熟練化・専門化されることになり，能率が向上するからである。

　職能別組織の長所は，仕事の標準化によりコストが軽減することや，管理者の負担が軽減することがあげられる。小企業の中には職能別に部門化するほど仕事量がない場合もあるが，中企業以上になると職能的組織は一般的である。

大企業においては，事業が多様化・複雑化していくと職能はさらに分化し，職能の特性に応じた形で新しい部門が形成され，より複雑な職能的組織が組み立てられていく。

図表2-4　組織の仕組み

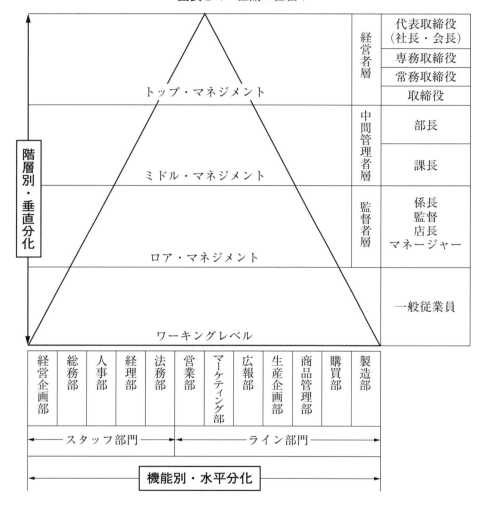

（3）　ライン部門とスタッフ部門

　ライン部門は，企業の活動において直接売上につながる業務を担当する部門で，直接部門とも呼ばれる。たとえば，販売（営業）・広報・製造・購買などである。ライン部門は，トップから末端まで直接的な命令や権限で結ばれている。

　一方，スタッフ部門は間接部門とも呼ばれ，ライン部門が円滑に活動できるように，専門的見地から助言したり援助したりする部門をいう。人事・経理・総務などである。

5．企業の会計

「会計」とは，お金に関することすべてを管理し，かつ報告することをいう。企業では，経理・財務部門がその業務を担当している。経理・財務部門は，日常的にお金を管理するとともに，ルールに従って決算[*3]を行い，会社の事業活動の成果である損益（黒字または赤字）の結果を，経営者や外部の利害関係者に報告している。

（1）収益・費用・利益

「収益」とは，受け入れたお金などをいい，例えば商品を販売して得た売上や，定期預金などで得た利息などをいう。一方，「費用」とは，必要に応じて支払われるものをいい，たとえば商品の仕入代や，社員の給与などである。企業は収益と費用を集計し，前者から後者を引いた「利益」を計算している。

（2）営業利益と経常利益

「営業利益」とは，本来のビジネス活動から得られる利益をいい，売上から売上原価と営業活動や経営管理活動に関連した費用を引くことによって算出される。

「経常利益」とは，通常の事業活動から得られる利益をいう。経常利益は，営業利益に営業外の収益（受取利息や配当金など）を加え，営業外の費用（支払利息など）を引くことによって算出される。つまり，経常利益とは，企業の正常な収益力を表す利益といえる。

> 売上－売上原価－販売費および一般管理費＝営業利益
> 営業利益＋営業外の収益－営業外の費用＝経常利益

（3）財務諸表

財務諸表とは，財産の状況や事業の成績や見通しなどを，経営者や外部の利害関係者などに報告するために作成する書類のことである。会社法では計算書類という。

財務諸表の主なものに，貸借対照表・損益計算書・キャッシュフロー計算書がある。

貸借対照表とは，一定時点の企業の財産や借り入れなどの状況（財政状態という）を示

[*3] 期末に帳簿を締切り，期中の経営成績と期末の財政状態を計算・確定するとともに，決算報告書を作成する簿記上の手続き

す計算表で，資産を左側に，負債や純資産を右側に並べて表示する。

損益計算書とは，一定期間の企業の成績を示す計算書で，収益から費用を引いて損益を算出した表である。

キャッシュフロー計算書は，支払いに使える現金などの動きを示す計算書である。

図表2-5　財務諸表

貸借対照表
（××年×月××日現在）

流動資産		流動負債	
現金	×××	買掛金	×××
預金	×××	短期借入金	×××
有価証券	×××	未払金	×××
売掛金	×××	・・・・・	×××
・・・・・	×××		
		固定負債	
		社債	×××
固定資産		負債合計	×××
建物	×××	純資産	
土地	×××	資本金	×××
・・・・・	×××	資本準備金	×××
		利益準備金	×××
		・・・・・	×××
		純資産合計	
資産合計	×××	負債・純資産合計	×××

損益計算書
（自××年×月×日　至××年×月×日）

売上高	×××
売上原価	×××
売上総利益	×××
販売費及び一般管理費	×××
営業利益	×××
営業外収益	×××
営業外費用	×××
経常利益	×××
特別利益	×××
特別損失	×××
税引前当期純利益	×××
法人税等充当額	×××
当期純利益	×××

6．業種と職種とは

「業種」とは，それぞれの企業が属している事業（産業・ビジネス）の種類をいう。たとえば，「製造業」・「情報通信業」・「金融業」・「サービス業」などが「業種」である。

よく似た言葉に「業界」がある。これは，同じ産業や業種に関わる人々の社会や同業者の世界を意味した言葉である。

一方，「職種」とは，業務の内容によって分けた，個人レベルの仕事・職務の種類をいう。たとえば，「営業」「販売」「事務」「経理」などである。職種を調べるにはハローワークが職業紹介等のために利用している，総務省の「日本標準職業分類」が便利である。

図表 2-6　職業分類

大分類	職業の例
管理的職業	会社・団体の役員，管理職など
専門的・技術的職業	科学研究者，医師，税理士，歯科衛生士，司法書士，司書，WEBデザイナー，英会話教室講師，日本語教師，栄養士，看護師，スタイリストなど
事務的職業	一般事務員，受付係，秘書，営業・販売事務員，医療事務員，銀行窓口係，コールセンターオペレーターなど
販売の職業	販売店員，デパート店員，化粧販売員，コンビニエンスストアスタッフ，書店店員など
サービスの職業	アロマセラピスト，飲食店スタッフ，エステティシャン，美容師，客室乗務員，旅行・観光案内人など
保安の職業	警備員，交通誘導員，守衛，プール監視員など
農林漁業の職業	農耕作業員，養畜作業者，園芸作業者，植木職，水族館飼育スタッフ，船舶機関長・機関士（漁労船）など
生産工程の職業	IC生産オペレーター，アニメーター，一般機械器具組立工，AV・通信機器組立・修理工，和菓子職人など
輸送・機械運転の職業	貨物自動車運転手，観光バスガイド，建設機械オペレーター，航海士（漁労船を除く），航空管制官など
建設・採掘の職業	土木作業員，大工，電気工事作業者，内装工など
運搬・清掃・包装等の職業	トラック運転者，陸上荷役・運搬作業者，引越作業員，配達員など

出典：総務省「日本標準職業分類」（平成21年）

第3章　経済の動きと日常生活

　近現代の日本経済史を振り返ると，好景気と不景気を繰り返しながら歩んできた。そもそも「景気」とは，「社会全体にわたる経済活動の活発さの程度。好況と不況の間を変動する経済状態」（『大辞林』第3版）をいい，景気の良し悪し，いわゆる経済の動向は，即，私たちの生活に大きな影響を及ぼす。言い換えると，私たちの日常生活と経済は，常に密接な関係にあるといえる。

　この章では，経済の基本的な仕組みを確認し，それが普段の私たちの生活にどのようにかかわっているのかを学ぶ。併せて，戦後から現代の日本経済の動向が，ビジネス社会にもたらした影響を考えていく。

1．身のまわりの経済

　第1章で学んだように，現代社会に生きる私たちは，衣食住をはじめ，教養・娯楽・文化活動など，さまざまな領域でモノやサービスを消費しながら生活を営んでいる。そして，こうしたモノやサービスを消費するお金を稼ぐ手段として，企業などに労働力を提供することにより給与（賃金）としてのお金を得ている。

　一方，企業は，モノやサービスを生産し，私たち消費者に販売・提供することでお金を得ている。また，政府（国）は，私たちや企業などから徴収した税金を，電気・ガス・水道などの公共サービスの提供をはじめとする，よりよい暮らしのために活用している。

　このように，私たちの日常生活は，お金という交換取引を介して，生活に必要なモノやサービスの生産・分配・消費の循環活動で成り立っており，こうして形成された人と人との社会的関係が「経済[*1]」なのである。

[*1]　元々は中国の古典の言葉「経世済民」が語源で，「国を治め，人民を救うこと」（『広辞苑』第6版）の意味である

(1) 3つの経済主体

　経済主体というのは，経済を動かす部門のことを指す。この経済主体は，主に次の三つの部門から成り立っている。家計部門（個人の所得を使った消費活動）と，企業部門（財・サービスの生産・販売活動）と，政府（家計・企業から税金の徴収と予算の配分，公共財のサービス）である。この3つの経済主体は，図表3-1のように，それぞれの目的を持って経済にかかわっている。

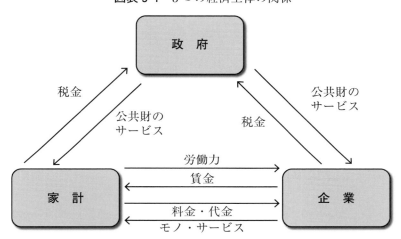

図表3-1　3つの経済主体の関係

(2) 消費者物価指数

　生活に必要な衣食住などの価格は，販売する時期・地域によって日々刻々と変わっている。これらの価格動向は必要不可欠な出費だけに，すぐさま私たちの生活に大きな影響を与える。そのため，政府が日常生活に必要なモノの売買価格を毎月調査し，消費者物価指数[*2]（CPI）としてまとめ，私たちの支出の増減を把握することで，国民の生活を守るためのさまざまな政策を行っている。そのほか消費者物価指数は，年金の給付額や日本銀行が金融政策を行うときの判断材料，さらに公共料金を改定する際の参考資料としても幅広く利用されている。このように消費者物価指数は，物価の動きを示す指標として使われており，景気が良くなると上昇率が高まり，景気が悪くなると上昇率が鈍くなることから，

＊2　全国の世帯が購入する家計に係る財及びサービスの価格等を総合した物価の変動を時系列的に測定するもの。食料品・衣料・家電製品・通話料・家賃・光熱費などの生活必需品，585品目が調査対象となっている

「経済の体温計」とも呼ばれている。

ティータイム

~知ってる？　経済をとらえる2つの視点「マクロとミクロ」~

　経済をマクロ的（巨視的）に見るか，ミクロ的（微視的）に見るかで，規模も内容も大きく異なってくる。経済を学問として取り扱うとき，次の2つに大別される。
①マクロ経済……生産・雇用・消費・投資・物価・国際収支・為替レートなど，経済全体の集計量に注目して，国全体の経済の活動状況を見る。
②ミクロ経済……経済を構成する家計（個人）や企業や市場に注目して，それら個々の経済活動がどのように行われるかを細かく見る。

（3）市場価格と需要・供給

　モノやサービス（＝製品）を欲しいと思う気持ちのことを「需要（＝買い手）」といい，モノやサービス（＝製品）といった製品を生み出す行動を「供給（＝売り手）」という。
　また，需要と供給が出会い，モノやサービス（＝製品）を取引する場を「市場」という。
　一般に，私たちは自分に有利になるように製品を売買したいと考えている。買い手は製品をできるだけ安く買いたいと考え，売り手は製品をできるだけ高く売りたいと考える。このように，「価格」は買い手と売り手の希望が折り合う点であり，あらゆる製品の価格は，需要と供給のバランスにより決定する。
　つまり価格の決定において，誰もが欲しいと思う人気のある製品ほど価格は高くなるが，人気のない製品は価格が下がり，やがて市場からなくなる。これが市場の原理である。
　また，製品の市場価格は，季節や時間帯や状況によっても変化するので，買い手も売り手も価格の変わる要因が自分に有利になるように行動しようと，さまざまな策をめぐらすのである。

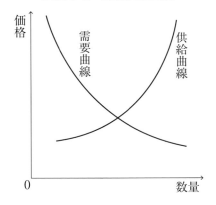

図表3-2　需要供給曲線

事例で学ぼう　～日常の経済活動～

　普段私たちは特別な意識をすることなく，個々に経済活動を行っている。
　一番身近な例として挙げられるのが，生活のためなどに行う買い物である。
　たとえば，コンビニエンスストアでサンドイッチを買うとする。サンドイッチの代金200円に消費税8％（2016年12月現在）の16円をプラスし，216円をレジで支払ってサンドイッチを手に入れる。この買い物を通して，自分の財布からコンビニエンスストアにお金が動き，経済活動を行なったことになる。同時に，コンビニエンスストアを通して，私たちは消費税という税金を国に納めたことになる。
　また，天候不順により農作物の収穫に影響がでて野菜の価格が高騰した場合，普段は200円＋消費税8％で購入できるサンドイッチが，材料のレタスやきゅうりやトマトの価格が高騰したために，230円＋消費税8％に値上がりしたとすれば，多少の金額といえども，私たちの経済生活に影響を及ぼしたといえる。
　このように，経済は常に私たちの生活に身近に関わっていることが分かる。

2．不景気を長引かせる経済現象

　私たちの生活に悪影響を与える経済現象として，「デフレ」がある。デフレのしくみを把握し，それがビジネス社会に与える影響を考えてみよう。

（1）デフレ（デフレーション）とは

　デフレとは，デフレーションの略称で，継続的にモノやサービスの価格が下がり続け，経済全体が収縮していく現象をいう。たとえば200円で販売されていた製品が，150円に価格が下がると私たち消費者にとってはありがたいように思えるが，その製品を作っている企業の利益は減ることになるので，そこで働く従業員の給料も下がる可能性がある。給料が下がると消費が控えられ，モノが売れなくなるので，モノの価格がさらに下がるという悪循環が続く。その結果，モノに対してお金の価値が上がることになり，不景気を長引かせる経済現象となる。これがデフレ現象である。
　いったんデフレになると次々と負の連鎖が起こり，歯止めが利かなくなる状況を，らせん階段をどんどん下降していく様子に似ているところから，「デフレスパイラル」という。

図表 3-3 デフレスパイラルの影響

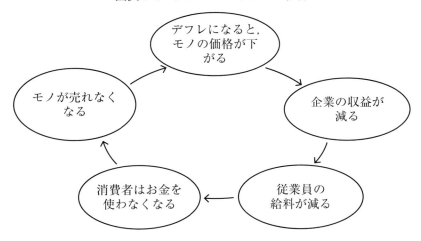

（2） スタグフレーションとは

　スタグフレーションとは，スタグネーション（景気停滞）とインフレーション（物価上昇）の合成語で，物価の上昇と景気後退が同時に起こる現象をいう。

　スタグフレーションの発生の要因は，インフレが起こっているときに，農産物や原油などの生活必需品が不足することによるといわれている。不景気で収入が増えないときに物価が上がることから，生活苦や失業者の増加などの問題が起きる。

　近年におけるスタグフレーションは，1970年代のオイルショックの際に世界的に発生し，デフレ不況を上回る勢いで失業者が増加した。

図表 3-4　景気の状態

景気の状態	景気	物価[3]
インフレーション[4]	好景気	上昇↑
デフレーション	不景気	下落↓
スタグフレーション	不景気	上昇↑

---

[3]　モノやサービスの値段。個々の価格でなく，総合的・一般的にとらえる場合にいう
[4]　デフレの反対の現象で，モノやサービスの値段が継続的に上がり続け，お金の価値が下がる現象をいう

3．円高のもたらすもの

円高とは，外国の通貨からみた日本円の価値が高くなり，経済力が強い状態を表す。言い換えると，円1単位で交換できる，他国通貨の単位数が相対的に多い状態のことをいう。「円安」は，その逆である。円高が進むと，円から見て外貨が安くなり，海外旅行が有利になったり，輸入品を安く購入できるという利点がある。しかし，日本全体としてみれば，輸入より輸出が多く，海外に製品を輸出して利益を得ている企業などには円高は不利になり，日本経済の不況をまねく可能性がある。

図表3-5　円高・円安のしくみ

ティータイム

～知ってる？　「為替レート」～

「為替レート」とは，異なる2つの通貨の交換比率を表す。

・為替市場で行われる取引で日々変更する
・世界三大市場 ⇒ ニューヨーク，東京，ロンドン
・四大通貨 ⇒ ドル，ユーロ，円，元
・「東京外国為替市場 1ドル＝100円」
　⇒「アメリカの1ドルは日本の100円と交換できる」

4．バブル経済とリーマン・ショック

　日本は戦後の復興期を経て，高度経済成長期をつくり上げ，アメリカに次ぐ世界第2位の経済大国にまで成長した。そして，多くの日本国民が自分を中流階級だと感じる「一億総中流」の意識を定着させ，物質的な豊かさを享受できる消費社会を築いた。

　しかしながら，1973年に起こった第1次オイルショックにより，18年間続いた高度経済成長期は終焉を迎えた。その後，バブル経済の崩壊やリーマン・ショックなどの金融危機により，日本は「失われた20年[*5]」という，長い経済停滞の時代に入っていくことになる。日本の経済社会の特徴は，大企業と金融機関を中心とした企業国家である。この企業国家のシステムが「失われた20年」に行った不適切な財政・金融政策によって，現在の社会問題となっている「貧困・格差社会」への伏線につながっている。

図表3-6　戦後の4大景気

4大景気名	期間	特徴
神武景気	1954年11月～1957年7月	「三種の神器」：冷蔵庫・洗濯機・白黒テレビ GDP成長率：年約11％
岩戸景気	1958年6月～1961年12月	スーパーマーケットなどの大型店舗の出現 GDP成長率：年約10％
いざなぎ景気	1965年10月～1970年7月	大企業の合併，「新三種の神器」：車・エアコン・カラーテレビ，GDP成長率：年約11％
バブル景気	1986年11月～1991年2月	株と土地への投資が盛んになり，土地などの不動産が高騰，GDP成長率：年約5％

（1）　高度経済成長期（1955～1973年）

　終戦直後の経済民主化と，1950～1953年にかけての朝鮮戦争による特需景気によって，日本は第二次世界大戦の敗戦からの復興を遂げた。その後日本は，戦後生まれの企業の勃興と，勤勉に働く国民の努力の積み重ねにより，世界から「東洋の奇跡」といわれるほどの飛躍的な経済成長を実現した。この高度経済成長の背景としては，①重化学工業分野の技術革新と設備投資，②勤勉な国民性と，金の卵といわれた良質で安価な労働力，③国内

＊5　当初，バブル崩壊後の1993～2002年までの不況のことを，「失われた10年」と呼んでいた。しかし，このあとに発生した世界金融危機などにより，さらに経済停滞期が続き，「失われた10年」と2000年代以降の経済を併せて「失われた20年」と呼ばれるようになった

市場の拡大，④固定為替相場制（1ドル＝360円）による円安で輸出が拡大，⑤石油などの海外資源の安価輸入，などが挙げられる。

　1968年には，日本の実質経済成長率は年平均10％を超え，国民総生産（GNP）も，資本主義国の中でアメリカに次ぐ世界第2位の経済大国となった。これを背景にして，「1億総中流」という国民意識が生まれた。また，「三種の神器」と呼ばれる，テレビ・洗濯機・冷蔵庫の家電製品の普及は，家事にかかっていた時間の短縮につながり，女性が社会進出することへの足がかりともなった。

① 高度経済成長の弊害
◆公害問題
　利潤追求を最優先とした企業が，長期間に渡って工場から大量の産業廃棄物を流出して環境を汚染し，政府も経済成長を優先したため，公害対策を行わなかった。その結果，環境汚染により健康を損なわれた患者とその家族・遺族が，公害の原因とみなされる企業を相手に訴訟を起こし，四大公害訴訟[*6]へと発展した。

◆大都市への人口集中による，過疎・過密の問題
　職場を求めて地方から都市部へ急激な人口移動がおこり，地方の過疎問題が深刻化する一方，人口が集中した都市部では，住環境の悪化や排気ガス問題など，深刻な社会問題がおきた。

◆インフレーションの発生による物価高問題
◆大企業と中小企業の経済の二重構造問題

② 高度経済成長の終焉
◆オイルショック
　1973年に発生した第4次中東戦争の勃発にともない，石油輸出国機構（OPEC）は，原油価格の引き上げと生産の削減，イスラエル支援国への禁輸を取り決めた。
　これにより，原油価格は翌年1974年から更に引き上げられ，約4倍まで急激に上昇し，低価格の原油による経済構造を崩壊させ，日本の国際収支は赤字となった。また，地価の急騰によるインフレが発生したうえに，オイルショックによる便乗値上げが相次ぎ，インフレが更に加速されることとなり，マイナス成長となった。
　これにより，戦後から続いていた高度成長期は終焉を迎え，スタグフレーションに

＊6　阿賀野川流域の新潟水俣病，富山県神通川流域のイタイイタイ病，四日市ぜんそく，熊本県の水俣病の被害に関する裁判をまとめて四大公害訴訟という

よる世界同時不況に突入することになる。

（2） バブル経済

バブル経済とは，1986年12月から1991年2月までの4年3ヶ月間の好景気の状態をいい，財・サービスの生産や消費という実体経済とは無関係に，不動産・株式・商品などの価格が異常に高騰した経済をいう。急激な円高に加え，政府・日銀が金融緩和を行ったことから，だぶついた資金が株や土地などへの行き過ぎた投資（投機）に流れ，その結果，金融商品価値が泡のように膨らんでいった。

① バブル経済の背景　—「プラザ合意」—

1985年9月に，ニューヨークの「プラザ・ホテル」で行われたG5（先進5カ国蔵相・中央銀行総裁会議）において発表された，為替レートに関する合意のことをいう。当時，アメリカは巨額の貿易赤字と財政赤字（双子の赤字）に苦慮しており，特に対日貿易赤字を是正するために，「ドル安円高」の導入を提案していた。その提案を，当時の日本の大蔵大臣が受け入れたことで合意に至った。合意前，1ドル230円台のレートが，1987年末には，1ドル120円台のレートで取引されるようになった。この合意によって，日本経済は一時期円高不況に陥るが，低金利政策などにより投機が加速され，1980年代末に向けてバブル経済が膨張した。

日本では1985年のプラザ合意にともなう円高と，1987年の世界的な株価暴落となったブラックマンデー（暗黒の月曜日）による景気への影響を避けるため，低金利政策が続いた。この政策の影響により，1980年代後半に株価や地価が急上昇し，バブル経済となった。

② バブル経済の崩壊　—「失われた20年」—

バブル崩壊により，日本経済は1990年代前半から2010年ごろまで「失われた20年（＝平成不況）」という不況期に突入する。

バブル投資先の不動産や株式などの資産価格は暴落し，企業は借金を，銀行は不良債権を抱えることになった。産業構造の見直しや変革を迫られた企業は，リストラによる大幅な人件費の削減を行った。その結果，多くの労働者が賃金カットや安定した職場を失うなど，日本経済の高度成長を雇用面から支えた日本型雇用システムは形骸化した。

一方，リストラにより職を失った労働者は，派遣労働者などの非正規雇用社員として不安定な労働環境を強いられることになり，生活の不安を募らせることとなった。

同時に，「就職氷河期」や「フリーター」という言葉に象徴されるように，若年者の雇

用問題がクローズアップされ、日本経済の停滞を強調することになる。

（3） リーマン・ショック

アメリカの大手証券会社・投資銀行リーマン・ブラザーズ（当時、全米第4位）の破綻（2008年9月15日）が引き金となった、世界的な金融危機および世界同時不況を指す。

リーマン・ブラザーズが経営危機に直面したのは、信用度の低い、低所得者層の人に向けて発売された住宅ローン（サブプライムローン）の証券化商品を大量に抱えていたところに、住宅バブルの崩壊が起こり、2008年6月に株価が急落したためである。リーマンは、事実上破綻した。負債総額、6130億ドル（約64兆円）というアメリカ史上最大の倒産となり、世界のほとんどの国の株式相場が暴落し、世界中に連鎖的な金融危機を招いた。

世界同時株安と超円高による影響で、輸出大国である日本は大打撃を受けた。日本の製造業、特に自動車・鉄鋼・IT産業が影響を受けた。海外で生産・販売することで利益が確保でき、販売業績も日本より好調なため、大手企業がどんどん海外へ進出していく「産業の空洞化」が起こり、その企業の子会社や孫会社は、親企業がいなくなることによって業務縮小や倒産となった。これが失業率の上昇につながるとともに、法人税の減少にもつながり、日本経済全体の縮小化が一層加速することとなった。

（4） 貧困・格差社会

日本の経済社会における「格差[7]」の拡大は、近年著しく進展しており、日本の相対的貧困率は、OECD加盟国のなかでトップレベルとなっている。

厚生労働省の「平成27年国民生活基礎調査の概況」によれば、所得金額階級別世帯数の相対度数分布をみると、中央値（所得を低いものから高いものへと順に並べて2等分する境界値）は427万円であり、平均所得金額、541万9千円以下の割合は61.2％となっている。また、世帯の生活意識をみると、「苦しい」（「大変苦しい」と「やや苦しい」）が60.3％、「普通」が35.9％となっており、年次推移をみると、「苦しい」の割合が上昇傾向となっている。日本は世界第3位の「経済大国[8]」（2016年10月現在）であるが、同時に「貧困大国」でもある。この事実はきわめて深刻な事態といえ、この問題の解決が、日本にとって今後の大きな課題である。

---

[7] ある基準をもって社会を階層化した際の国民の間の格差（特に所得・消費・資産・学歴など）が顕在化した社会のこと

[8] 1968年〜2009年まで日本はGDP世界第2位の経済大国であったが、2010年に中国にとって代わられた。2016年10月時点のランキングでは、第1位がアメリカ、第2位が中国、第3位が日本となっている

第4章　グローバル社会とビジネス

　1990年代に始まり，現在に至るまで進行が続くグローバリゼーションは，それ以前に広義で捉えられていたものとは大きく異なり，全世界が事実上，単一経済市場となるべく大きな変貌を遂げている。近年，欧米先進諸国の経済が低迷する一方で，これまで世界経済の主役ではなかった中国・インドをはじめとする，発展途上国の経済成長は著しく，世界中の企業がそれらの国々に進出し，その勢いと規模はますます拡大している。

1．グローバリゼーションと新興国

　新興国として成長が著しい「BRICs」「VISTA」「NEXT11」などの国々は，共通して広大な土地をもち，豊富な資源大国であり，人口大国でもある。
　一方，先進諸国のあらゆる企業が，豊富な労働力と低賃金による雇用を求めてこれらの新興国に進出し，生産拠点を移している。そのため，労働人口の流入による人口移動が生じ，今後は経済成長のための移民が増えることも考えられる。人口増加が経済成長につながることは，ある意味で確実であり，アメリカをはじめ，先進諸国の経済政策として移民などの人口流入を取り入れる動きも見られた。しかし，現在の先進国においては移民の受け入れと同時に諸問題が生まれていることも事実であり，その解決が大きな課題となっている。先進国から新興国への人口移動や移民は，一定の発展段階の成長支援となるため，新興国としてのメリットは大きい。現実に上下水道・道路・鉄道・エネルギーなどのインフラ整備のための企業誘致とともに，先進国の企業進出や人口流入が受け入れられ，新興国の経済発展に貢献し，着実にその成果をあげている。

（1）21世紀型グローバリゼーションの進行

① **BRICs**［ブラジル・ロシア・インド・中国・南アフリカ］

　世界の経済状況に影響を与え，その行方が注目される新興国の代表格ともいえる5か国である。中でも最も影響力の大きい国として中国は，その経済を拡大し，躍進し続けてき

た。2010年に，GDP世界第2位の日本を抜いて以降，その勢いは留まることなく，2050年には世界のトップに到達すると予想されている。

ブラジルは，2014年にGDPを世界第7位にまで上げ，その急成長ぶりが期待される。不安定な政治情勢や貿易の低迷などの不安要素はあるものの，労働人口の増加とともに，資源大国・農業大国であることなど，経済成長の基盤があり，今後は確実に成長を遂げることが予想される。

ロシアの現状は，資源価格の低下による経済情勢の悪化はあるものの，近年では回復の兆しが見込まれ，強力な政治力をもって経済の再構築が行なわれると考えられる。

インドは，BRICsの中で最も高い経済成長率をあげている。この国は，日本企業が最も注目し，期待する新興国である。低い賃金コストと教育水準の高さが，注目度の高い理由である。中国，ロシア，ブラジルの3カ国の経済が低迷気味である中，インド経済は成長率7％と，好調を維持している。約12億人の人口を抱え，しかもその多くが経済成長を支える労働力としての若年層であることから，今後数十年にわたる経済成長が期待されており，やがて中国の成長率を追い抜くと予想されている。

南アフリカは，豊富な天然資源の輸出を原動力として経済成長を遂げてきた。石油・天然ガス・リン鉱石・金・ダイヤモンド・プラチナなどの産出量・埋蔵量において不動の地位にあり，資源価格の高騰にともなって，大量の外貨を獲得し，また，内需の拡大も経済成長の原動力となった。20世紀にはアパルトヘイト[*1]政策によって搾取されていた黒人の貧困層の中から，富裕層や中間所得層も生まれ，購買力の増加につながっている。治安の悪さや失業率の高さなどの問題を抱えているものの，労働力人口を生かしきれていない現状が改善されると，今後一層の成長が可能となり，期待がもてる。

② VISTA［ベトナム・インドネシア・南アフリカ・トルコ・アルゼンチン］

ベトナムは，1954年から始まった国の教育改革により，東南アジアの中では識字率が90％と高く，教育改革を国際社会への参入事業の一貫として打ち出している。賃金は日本の5分の1，中国のおよそ3分の1程度という低さであることから，中国に次ぐ第2の生産拠点「チャイナプラスワン」としての動きが活発化している。若い労働力人口が豊富であることも，進出企業にとっては大きな魅力となっている。

インドネシアは経済成長率が6％と高く，今後も消費の拡大が期待されている。また，世界第4位の人口2.3億人という大きな消費人口と，労働力としての若年人口が多いこと

---

*1　南アフリカ共和国で，1991年までの40年以上にわたって行われた人種隔離政策

から，経済の進展が一層スピードアップされると予想されている。

南アフリカについては，「BRICs」において詳しく述べたとおりである。

トルコは中東諸国の中では最大の経済規模を誇り，中東を代表する新興国である。ヨーロッパ・アジア・中東・アフリカの中継点という，地理的な優位性を生かした貿易政策を展開し，かつての繊維製品を中心としていた方針を転換し，ヨーロッパ・中東への自動車・家電などの工業製品輸出を主力としている。現在のトルコ経済の躍進を牽引する自動車産業は，生産・輸出ともに近年最高の記録を更新している。また，総人口は，2015年に7,800万人を突破し，その平均年齢が31歳であることと，教育水準が高く勤勉な国民性であることから，今後のさらなる経済発展を予測させる。

アルゼンチンは農牧資源大国である。石油や天然ガスなどの豊かな天然資源と肥沃で広大な国土をもち，とうもろこし・小麦・大豆などの農産物や畜産物を中南米・アフリカに輸出して経済の急成長を遂げている。各種製造業における技術水準も高く，4,100万人の人口は大きな市場規模として購買力の向上も見込まれる。G20のメンバー国でもあり，国際社会においても大きな存在として，今後の世界経済に影響力を持つことが予想される。

③ NEXT11［イラン・インドネシア・エジプト・トルコ・韓国・ナイジェリア・パキスタン・バングラデシュ・フィリピン・ベトナム・メキシコ］

ネクストイレブンとしてあげられる国々は，BRICsに次ぐ急成長が期待されるとして提唱された新興諸国である。BRICsに比べ，人口・国土の規模は小さいが，今後の経済成長が注目されている。このうち韓国は，80年代に台湾・香港・シンガポールとともに，新興工業国地域NIEsと呼ばれていたが，経済大国としてアジアの先進国入りしたほかの3国に迫る勢いで，その成長はすでに準先進国とみられている。イラン・エジプト・ナイジェリア・パキスタン・バングラデシュ・フィリピン・メキシコなどの諸国は，政情不安定や貧困問題などを抱えながらも，その解決に挑む発展途上国である。

（2） グローバリゼーションと日本経済

グローバリゼーションの急速な進展は，新興国の台頭・発展と切り離すことができない。

21世紀に入り，世界経済の拡大とともに，先進諸国による新興国進出が盛んになった。新興国の経済成長は着実にその勢いを伸ばし，リーマンショックによる先進国の低迷をよそに，その後の世界経済危機をも乗り越え，経済回復を成し遂げている。

新興国の世界経済への影響力がますます拡大する中，日本経済はその影響を受け，さまざまな変容を見せている。日本国内の企業活動は，人件費の高さによる製造業の不振を招

き，生産コストを下げるために安い労働力を求めて海外に進出してきた。しかし，生産の拠点が海外に移ったことにより，「産業の空洞化」の現象が起こり，それに伴い雇用問題も拡大化してきた。正規雇用の減少と非正規雇用の増大や，所得の減少は国民の生活を圧迫し，その解消策をめぐっては，さまざまな側面からの論議が交わされる中，見通しは未だ不透明な段階にある。この国内産業の海外移転による空洞化はあらゆる業種において見られる現象であり，国内に企業を留まらせる方策が講じられることが課題である。中でも製造業の空洞化は，日本の各地域に影響を及ぼしている。たとえば，海外生産による輸入品の増加により，下請け中小企業や商店街の閉鎖をはじめ，雇用の悪化などが起こり，若年労働者の都市部への移動を起こしている。この地域産業の衰退は深刻な問題となり，空洞化した地域産業の活性化は，いまや日本経済の活性化にとっては，避けることのできない最重要課題となっている。

 事例で学ぼう　〜ガラパゴス化現象〜

　ガラパゴス化現象とは，南アメリカのガラパゴス諸島の特殊な生態系が独自の進化を遂げ，孤立した生物が生存競争力に乏しく，外敵の侵入により絶滅することにたとえたもの。国や地域の境界を越えて世界が一体化するグローバル化の中，日本のガラパゴス化現象が指摘されている。企業活動やビジネスが世界基準（グローバルスタンダード）に基づいて行われる中，日本の独自性が特殊化へと進み，特にITや自動車業界の直面する問題は深刻なものとなっている。

 ガラパゴス化現象の実例をあげて，その対処について考えてみよう。

（3）　グローバル企業の取り組み

　2015年9月の国連総会の採択による持続可能な開発目標「SDGs（Sustainable Development Goals）」は，17の目標と169のターゲットを定めている。人間・地球・繁栄のため，先進国を含む全ての国が2030年までに取り組むべき行動目標として掲げられたものである。それらの目標は，発展途上国・先進国がともに抱える課題解決のために世界の国々が努力することを求めるものである。特にグローバル企業に求める役割は大きく，途上国への進出を拡大している日本企業にとっては，SDGsへの取り組みを経営計画に組み込んで行くことで，社会的課題に向き合うことが企業責任でもある。企業がそれぞれの独自性を生かして社会の課題解決に取り組み，その先に経済価値，すなわち利益の創出があることを認識し，持続可能な開発がより一層促進されるべきであろう。

このような観点に立って，現在すでに成果をあげている企業の取り組みも顕著になっている。たとえば，味の素株式会社が創業100年記念事業として立ち上げた「ガーナ栄養改善プロジェクト」である。これは，開発途上国であるガーナの深刻な栄養不足の問題を解決するため，ガーナ政府・大学・国際NGO・企業との協力で，離乳食の栄養バランスを改善・強化するサプリメントの製造・販売を通じて，離乳期の子供の栄養改善に貢献しているものである。また，株式会社リコーは，世界で一番子供の数が多く，最も児童労働が多い国のインドで「インド教育支援プログラム」を展開している。人口の3分の1にあたる4億人が1日1,25ドル以下で生活する貧困層とされる中，州や県の教育機関・関係者との協力で，PCやサーバーを設置した「デジタル・ハブ」の開設やデジタル教材の開発などを手がけている。東レ株式会社は，1960年代から進出した東南アジアの3ヵ国，マレーシア・タイ・インドネシアに東レ科学新興財団を設立し，3ヵ国の科学技術の向上発展と理科教育の振興に実績を挙げている。そして，3ヵ国の科学技術の発展に寄与するとともに，それぞれの国と日本との相互理解，友好・親善，そして経済発展への貢献に寄与している。そのほか，キリン株式会社の発展途上国の小学校への図書寄贈や，イオン株式会社の取り組みなどが有名である。

　日本企業の海外における現地法人数は年々増加を続けており，2014年度に24,011社となり，経済の低迷と逆行する現象である。とはいえ，日本企業がグローバル企業として今後も躍進を続けるためには，さまざまな問題を抱えている。他の東アジア諸国の企業に比べてグローバル戦略が欠如していること，研究開発面では研究者の不足，海外との人材ネットワーク構築の不十分さなどが問題となっている。なにより，国際社会でグローバルな視野に基づいたビジネス・研究開発・技術経営ができる人材の育成が急務である。それらの解決に邁進し，グローバル化への対応を強化することが，日本経済の振興と発展への打開策となるであろう。

2．インバウンドと観光ビジネス

　インバウンドとは，主として観光などを目的として訪れる外国人旅行者のことを指す。一方アウトバウンドは，日本から海外に向けて出国する日本人旅行者のことをいう。これらのうち，インバウンドのもたらす影響についてみていこう。

　近年の急速なグローバリゼーションの進展により，政治・経済・文化における世界の一体化は，加速的かつ顕著になってきている。このような情勢の中，日本の経済は世界市場での競争力においてその力を伸ばしきれないまま，低迷が続いている。2009年のリーマ

ンショック以降落ち込んだ経済成長率は，2014年には0.09を記録し，先進諸国の経済回復の数字には及ばず，好転の兆しが見えない。

このような状況の中，日本の重要課題である「人口減少問題」は，「地域経済の落ち込み」や「地方消滅の危機」を引き起こし，その打開策は現在の日本にとって緊急の課題となっている。このような行き詰まり感の日本経済の中で，地域活性化を果たし，地域経済を救う方策を探るための重要なカギを握るのは，インバウンドであるともいえる。

（1） インバウンドの経済効果

① インバウンドの増大

2016年，訪日外国人旅行者数は2,000万人を記録した。政府目標である，2020年の4,000万人，2030年の6,000万人の達成に向けての取り組みに力が入る昨今である。

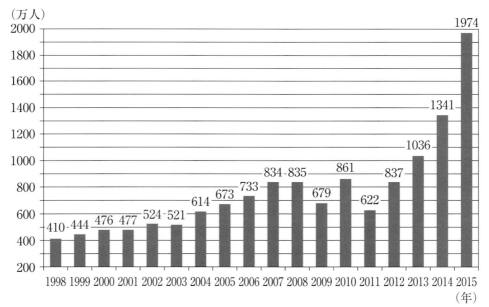

図表4-1　訪日外国人旅行者数の推移

出典：日本政府観光局（JNTO）

外国人が日本を訪れる「インバウンド」については，もともと日本政府の関心が高かったわけではない。かつての日本は製造業の輸出競争力が非常に強く，貿易は黒字状況であったため，インバウンドによる外貨を得るまでもなく，反対に日本人が海外旅行に出かけることが推進される時期が続いていた。

しかし，高度成長期が終わりバブルが崩壊すると，諸外国のインバウンド強化に気付いた日本はその重要性を認識し，インバウンドに注力した政策に変換することになった。

その後は好調なアジア経済を背景に訪日客が増加し，2009年の世界的な景気後退や，中国の反日運動にともなう訪日自粛など，一時的な落ち込みはあったが，これまで順調に推移し，その数は激増している。この状況の背景にあるのは，途上国，特にアジア諸国の経済成長である。中間所得層や富裕層の増大により海外旅行者が増加したことは，日本の国策を後押しする結果となり，今後のインバウンドによる経済効果が大いに期待される。

② インバウンドの現状と課題

インバウンドが日本にもたらす効果は，想定外のことがあるかもしれないが，予想できる主なものとしては，次のような視点があげられる。

まずは，「日本経済の発展」である。訪日外国人消費額は，2015年に対前年比70％の伸びを示し，その額は3兆円を超えている。国や地域による消費傾向を今後のインバウンド拡大策に生かし，東アジア・東南アジアのみならず，欧米諸国からの訪日旅行者の消費拡大にも勢いをつけていくべきである。インバウンドはここに来て，日本の全ての地域・企業・業界の注目を集めており，今後の経済活性化に大きく影響を与えていくことはまちがいない。

次に期待がかかるのは，「地域の活性化」である。北海道のニセコ町は，アジア・オーストラリアからの訪問者が，10年間で10倍の14万人となり話題になった。静岡県の富士山静岡空港は，地方空港ではトップの利用者数を集め，インバウンドによる地域創生の好例となった。日本全国各地における地域経済の落ち込みは激しく，さらに2011年の東日本大震災が拍車をかけた。少子高齢化や，産業の空洞化などの問題に対する決め手や解決策はなく，いまだ模索の段階である。2040年には日本の自治体の50％が消滅する可能性があるといわれ，数十年後には町や村の「ゴーストタウン」化が起こるとされている。地域の未来像を立て直すためには，これらの事例を参考にすることも一策である。

もうひとつインバウンド効果が期待できるのは，「国際的な相互理解の促進」である。「観光は平和へのパスポート」という言葉は，1967年の国際観光年に国連のスローガンとして提唱されて以来，世界各国で人々の交流や異文化理解への活動へと広がり，宗教，民族を問わず，多様性が求められる時代となった。日本もその世界的な動きを受け入れるとともに，日本ブランドを発信することで，国際社会での立場を築くことが求められる。

③ 日本のブランド力

世界で認知されている日本のブランド力は，諸外国との比較によって明らかになっている。2014年，アメリカのコンサルティング会社のフユーチャーブランドにより，評価対象国75ヵ国のうち，日本が国別ブランド指数の高さで1位となった。高評価の内容は，「最先端技術」「医療・教育」「歴史遺産や芸術・文化」「訪れたい国」などの項目に現れている。高評価を獲得した国は，他の国と比べて旅行者・訪問者が増え，商取引の可能性も高まることが考えられ，日本への注目度が上がっている。日本への外国人訪問者数は世界で16位，アジアで6位を記録しているが，今後さらにその数は増えることが予想される。

「世界経済フォーラム*2」の報告によると，2015年の日本の「旅行・観光競争力指数」が世界で9位と，アジアで唯一のトップ10入りを果たしている。4域14項目にわたる評価項目のうち，鉄道インフラ・衛生・安全・ICT活用の面で高評価を獲得し，今後の観光立国としての成長の可能性が認められたものである。また，ユネスコによる世界遺産の登録においても，先進国のなかでは登録の開始こそ1993年と遅れをとったが，現在は登録件数を19件と，世界163ヵ国中11位にまで伸ばし，「無形文化遺産」としては22件が登録され，「記憶遺産」なども，その件数を増やしつつある。

しかし，日本は諸外国に比べて海外への出国者数が少なく，日本人の海外旅行への関心度の低さをあらわしているともいえる。一方で，海外から日本への旅行者数の増加は顕著であり，さらなるブランド力強化は，観光立国としての確実な成長に繋がるはずである。

ティータイム

～世界遺産とは？～

ユネスコ（国際連合教育科学文化機関）の世界遺産条約に基づいて登録された文化遺産や自然遺産は，2016年現在，1052件にのぼる。

1972年の条約締結以降，年1回開催の委員会の審議によって更新を続けている，文化遺産・自然遺産・複合遺産の登録数は，1位イタリア（51），2位中国（48），3位スペイン（44），4位フランス（41），5位ドイツ（40）である。

---

*2　世界情勢の改善に取り組む非営利財団として1971年に設立され，スイスのジュネーブに本部を置く。通称ダボス会議

図表 4-2　各国の旅行・観光競争力

順　位	前回順位	国　名
1	4	スペイン
2	7	フランス
3	2	ドイツ
4	6	アメリカ
5	5	イギリス
6	1	スイス
7	11	オーストラリア
8	26	イタリア
9	14	日　本
10	8	カナダ

出典：世界経済フォーラム「観光競争力レポート」2015

（2）　観光ビジネス

　激増している訪日外国人を受け入れ，日本の経済振興や地方の活性化につなげることは，低迷する経済状況の打開とビジネスチャンス拡大に向けての実現の可能性が高い，有益な方策である。観光庁は「ニューツーリズム」と称し，地域の特性を生かすとともに，多様化する旅行者のニーズに即した観光を提供することを推進している。インバウンド対応として，さまざまな観光資源を活用した滞在型プログラムなどの普及と促進に取り組む地域が全国各地でその成果をあげている。たとえば，観光だけではなく，スポーツ・自然・農業体験をするなどの異文化体験を組み込んだ発信形態が，インバウンドビジネスとして成功している。地域によってはインバウンド対応の遅れが目立つものの，今後の多様な事例の拡大に期待がかかる。

　このようなインバウンドによる国内消費額は 3.5 兆円に増え（2016 年），関連企業の収益は，広範囲にわたって上昇傾向にある。宿泊・交通・物産製造・販売などの直接的なビジネスの活性のみならず，通信・サービスなどの業種も，収益をあげている。

　現在のインバウンドビジネスは中国をはじめ，アジア諸国を主な対象として展開しているが，今後は欧米からの旅行者も取り込むことを目標に，政府は「観光立国実現に向けたアクションプログラム」を策定し，遂行に向け一丸となった取り組みをおこなっている。

図表 4-3　外国人観光客が訪日前に最も期待していたこと

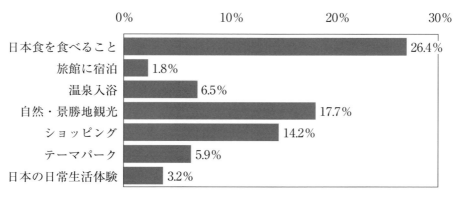

出典：観光庁「訪日外国人の消費動向」2016

　図表4-3の現状をふまえて，観光ビジネスの将来を観光客の旅行形態から捉えておかなければならない。最初は団体旅行から始まり，徐々に個人旅行へとシフトしていることは，すでにインバウンドの現象としても現れており，今後のニーズの多様化や細分化は避けられない課題である。それに対応したビジネスを成立させるには，「ユニバーサルツーリズム」の考え方に立った観光ビジョンを描くことが必要である。性別・年齢・国籍・障がいの有無にかかわらず，個別のニーズに合わせた，顧客一人ひとりが満足できる旅行の提案こそが，観光ビジネスを成功に導く形である。

第2部
社会生活と労働

　第1部は，現代のビジネス社会を経済の流れや企業活動といった大きな枠で検討した。第2部ではより具体的に，働く個人に焦点をあてていく。私たちは何のために働くのか。労働環境の変化，多様化について知り，自分のキャリアプランやライフプランを考えることはとても重要である。税金や社会保険に関する基礎知識も欠かせない。ボランティア活動や地域連携に目を向け，自分にできる活動を模索することで，視野を広げることができるだろう。また，便利で自由なコミュニケーションを取れる現代だからこそ，情報管理の必要性が増していることも知ってもらいたい。基礎知識を蓄えながら，自分ならどうするか，一人称の気持ちで学んでいこう。

第1章　さまざまな働き方

　日本経済は 1985 年のプラザ合意[*1]により急激な円高となり，輸出企業の業績が悪化する円高不況に見舞われた。これに対して，政府は，内需拡大[*2]・輸入増加・市場開放・規制緩和[*3]・金融の自由化[*4]など，さまざまな策を打ち出した。これらの政策により株価や地価の資産価値が高騰し，バブル景気がしばらく続いたが，1990 年ごろのバブル景気崩壊以降，厳しい経済情勢が続いている。さらに 2008 年 9 月に起きたリーマンショックから，世界的金融危機が断続的に続き，現在に至る。

　そのような状況の中で，企業はこれまで以上に成果・能力主義へと移行し，雇用のコスト最適化を目指して，パート・派遣などの多様な就業形態の活用を推し進め，正規雇用者を減らしていくと予測される。長引く厳しい経済情勢とグローバル化するビジネス界において，私たち一人ひとりが卒業後の働き方（キャリアプラン）とライフイベントをふまえて，どのような人生を送っていこうとするのか（ライフプラン）を考え，それに向けて準備することは大切なことである。

1．働くとは

（1）　働く意義

　人は，「あなたはなぜ働くのですか」と聞かれたら何と答えるだろうか。働く目的として，まず「お金を得るため」と答える人が多いだろう。あるいは，仕事は組織の中でいろいろな人とかかわり合いながら成し遂げることが多く，「やり遂げたときの達成感」をあげる人もいるだろう。また社会に出て働く中で自分の潜在能力を開花させ，「才能や能力を発

[*1]　p.43 参照
[*2]　国民が住宅や自動車や家電製品をはじめ，食料やレジャーなどの分野まで消費するようになれば景気が良くなるという考え
[*3]　ある産業や事業に対する政府の規制（介入・手続き・禁止などのルール）を縮小すること
[*4]　銀行ごとに，金利や各種手数料などで競争を行い，消費者にとり魅力のある金融新商品を開発すること

揮し，自己成長する」機会も増える。そのほかにも，組織が作る製品・サービスが人々の役に立つと，組織の一員として「社会に貢献」していることを実感する。これらのすべてが，働く意義である。

もちろん，仕事での経験を積み重ねることで働く意義も変わってくるが，結婚・出産・転職・介護など，人生の大きなライフイベントの節目には，「自分はなぜ働くのか」と原点にもどり，自分に問いかけることも必要なことである。

（2） 学生と社会人

まず，社会人と学生の違いを考えてみよう。学生は卒業後の進路を見据えて，自分のやりたいことを優先することが出来る。一方，社会人は勤務先や仕事をする相手の都合を考えて行動し，期限までに成果を出すことを求められる。このような学生と社会人の立場と行動の違いを知り，社会人となったときのモチベーションに繋げていきたい。

図表1-1　学生と社会人の比較

	学生	社会人
時間	・夏休みなど長期休暇があり，また，自分の都合で休んでも迷惑をかけることが少ない ・自由な時間が多い	・協働するために，時間厳守で，休むことにより周囲に迷惑と損失が生じる ・休暇は勝手に決めたり，休んだりできない。また自由な時間は少ない
人間関係	・同級生，クラブ活動，アルバイト先の先輩，後輩など，自分で選ぶことができる	・社内外のさまざまな年齢，職業や立場の人と接する ・相手を自分で選ぶことはできない
社会貢献と責任	・社会貢献は，ボランティア中心である ・勉強，クラブ活動，アルバイトなど，自分一人の責任で済むことが多い	・税金を納め，その税金が社会生活を支えることで，社会貢献となる ・所属する組織の代表とみなされ，組織の一員としての責任が求められ，一人ひとりの言動で組織評価が問われる
評価基準	・テストの点数など，一定の水準で決まる	・仕事の成果で決まるが，数値化できない面もあり，人間関係によって左右されることもある

（3） 求められる人材とは

情報通信技術の発展を背景として，より高度な情報・知識に基づく，多様で付加価値の高い製品・サービスの提供が社会の成長を支える時代である。仕事をするうえでも，一人

ひとりのうえにも，グローバル化の波が押し寄せる時代を生きる私たちに，社会人として求められる人材像と資質・能力がどのようなものであるのかが，2015年（平成27年）の内閣府教育再生実行会議において，次のように示された。

① 求められる人材像
◆基礎となる学力・体力
　幅広い教養，日本人としてのアイデンティティ，国語力，英語力，情報活用能力に加えて，強固な体力などを，社会人になるまでに備えるように努力する。

 事例で学ぼう　〜豊かな人間関係構築のための第一印象〜

　印象形成において，最初に示された特性が後の評価に大きな影響を与えることを，「アッシュの初頭効果」という。人は初対面で瞬時に，見た目・姿勢・服装・話し方などの情報から，その人のイメージを作る。その第一印象の影響は大きく，一度形作られたイメージの評価はなかなか変わらない。初対面の人と話すときは，この「初頭効果」の重要性を思い出して，良い印象につながる行動を目指したい。

これまでの経験の中で，初対面での悪い印象が後々まで影響を及ぼした例を話し合ってみよう。

② 求められる資質・能力
◆課題発見・解決力・志・リーダーシップ
　高い志を抱き，主体的に学び，「なぜ，そうなるか」を考え，課題を発見する能力を高めることが重要である。また，課題解決にあたり，他者と協力して対応しなければならない場合も多く，リーダーシップや責任感も必要である。
◆創造性・チャレンジ精神・忍耐力・自己肯定感
　未知の課題に挑み，解決策を生み出すためには，既存の概念にとらわれない創造的な発想力や企画力・直観力が必要である。これらを身につけるには，果敢に挑むチャレンジ精神とともに，強い忍耐力を養っていくことが求められる。また，その素地として，自己肯定感を醸成していくことが重要である。
◆感性・思いやり・コミュニケーション能力・多様性を受容する力
　社会の中での協調性とその基盤となる倫理観を養うには，他者に共感できる感性・思いやり，他者との意思の疎通を図るコミュニケーション能力，さらに，グローバル

化に伴う，異なる価値観や文化や宗教を持つ人たちと理解し合い共存していく，多様性を受容する力が求められる。

（4） 自己啓発

これまでの終身雇用を前提とした働き方においては，能力開発や人材育成は企業内で行われ，その成果を企業内で活用してきた。しかし，企業の倒産や規模の縮小，吸収合併が起きたとき，人々は転職や出向を余儀なくされ，それまでの企業内で身に付けた技能・能力を，新しい職場で活用することが難しくなる可能性がある。一人ひとりが技術革新の進行や社会の変化に呼応し，どこの企業でも通用する技能や能力である汎用的職業能力があれば転職・転籍も容易となるので，働きながら技能や能力を備えておくように努めよう。

自己啓発は，「生涯自分の能力を高め，精神的な成長を目指す」ためのものである。具体的には，専門知識の勉強，講演会やセミナーへの参加，資格取得に励むことなどである。大切なことは，今，自分にとってやるべきことは何かを考え，実現可能な目標を立て，いつまでにという期限を設けて，結果を出すための努力を重ねることである。

この自己啓発は，自分自身のライフプラン・キャリアプランを支える大きな力となるものであり，自分への先行投資である。

ティータイム

～企業が導入する自己啓発の取り組み例～

S株式会社では，自己啓発促進の一つに，通信研修制度を設けている。

社員は，専用のウェブサイトで申し込み，①（会社推薦コース）汎用的に使われるオフィス系のOAスキルならびに語学系の研修，②（本部・部門推薦コース）各部門や，所属社員の専門分野のスキル向上を目的に選定した研修，③（自由選択コース）直接業務にかかわりのない講座で，趣味を含む研修，この3つのコースの中から選択するようになっている。

受講料の補助率はコースごとに変わり，コースの修了が必須の条件となっている。

（5） 社会人として働くために

社会人として働くときには，学生時代とは異なる社会の行動規範に合わせていかなければならない。そのためには自己管理が必要となるので，今から心がけておくようにしよう。

◆**時間管理**
　仕事には必ず期限がある。どの順番で仕事を進めたらよいか，緊急度や重要度を優先する「仕事のプライオリティ（優先順位）」を念頭に置き，「いつまでに・何を・どのようにするのか」を，月・週・日々単位で計画し，実行する。

◆**健康管理**
　健康を損なうと上司や周囲の人に迷惑をかけるだけではなく，取引先にも迷惑が及ぶ。仕事は心身に緊張や負担をかけ，ストレスを招くことがある。食事・運動・睡眠に十分気を配り，自分に合ったストレスコーピング[*5]を見つけておこう。

◆**情報管理**
　管理するべき情報は，顧客に関するもののほかに，自社の業務や製品・サービスをはじめ，OA機器の操作や同業他社の情報と多岐にわたる。情報不足や漏えいによって顧客の信用を失うことのないようにしたい。さらに，守秘義務・個人情報の取り扱いなどは，コンプライアンスの問題として心がけなければならない。

◆**目標管理**
　仕事には目標がある。目の前の仕事だけではなく，3年後・5年後・10年後に，自分がどのような環境で，どのような仕事をしているのかをイメージしながら，仕事の目標を掲げ5W2H[*6]を意識して仕事をしよう。

◆**日常業務の心構え**
　指示された仕事は正確・迅速に対応し，途中経過を報告する。進捗状況に応じて上司や先輩に相談し，仕事が終了したときには，指示を受けた上司に一刻も早く報告する。これらの仕事のホウ・レン・ソウは，社会人としての常識である。

　また，仕事には，繰り返し行われる定型業務（ルーチン・ワーク）と，緊急の仕事や予期しない事態に対応する非定型業務（ノン・ルーチン・ワーク）がある。特に，定型業務における文書のフォーマット化，仕事の手順や方法のマニュアル化など，仕事の標準化を進めることで仕事の効率化につながり，ミスを防ぎ，仕事の質を高めていくことができる。

＊5　ストレスと上手につきあっていくための方法
＊6　When, Where, Who, What, Why, How to do, How much or How many

2．働き方の変化

（1） 少子高齢化・人口減少社会

　総務省「人口推計」によると，日本の人口は，2016年の1億2,700万人から2030年に1億1,662万人，2048年には9,913万人と予測される。戦後直後のベビーブーム*7と，その世代が親となった第2次ベビーブームにより，日本の人口は維持されていたが，その後，減少の一途をたどり，このまま少子高齢化が進行すると労働力人口が減少し，生産力が低下する。人口減少は，物やサービスを買う人や働く人が減ることにより経済活動が弱まり，税収が減ることを意味する。その結果，労働者一人あたりが負担する福祉費用が増大し，年金や医療などの社会保障制度の維持が難しくなる。

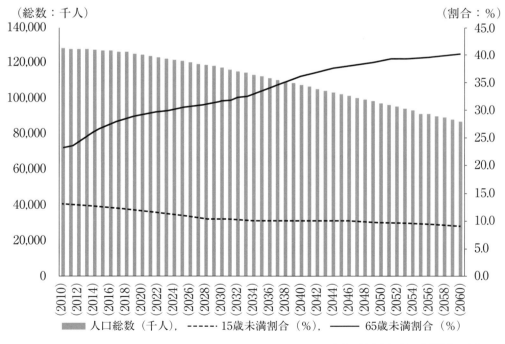

図表 1-2　日本の人口推移

出典：総務省統計局「労働力調査」2016

---

*7　第2次世界大戦後の1947～1949年に出産が急激に増えた。この時の世代を「団塊世代」といい，その子どもたち世代の第2次ベビーブームは，1971年～1974年生まれを指す

現在の日本は，諸外国と比べても例をみないスピードで高齢化が進んでいる。医療・福祉が充実し，平均寿命が長くなったことも，高齢人口が増大し続ける要因の一つである。高齢化率は，2010年の23.0％から2013年では25.1％，2060年には39.9％に上り，2.5人に1人の割合で65歳以上という，超高齢化社会になるといわれている。高齢者といわれる65歳以上の就業者数は，2015年には730万人であり，そのうち，65～69歳の約40％の人々が働いているというのが現状である。

（2） 労働力人口

労働力人口（15～64歳）を見ると，2012年は8,173万人，2016年は6,682万人と徐々に減り続け，2050年には5,001万人にまで減少すると予測する。

失業率は，1990年代では5％台まで上昇していたが，2013年4％，2016年3％と低い水準に戻っている。しかし，2012年の15～24歳失業率は6.9％，25～34歳では5.3％と，若年層，特に男性の失業率の高いことが，日本の大きな雇用問題の一つである。

このように日本で急激に少子高齢化が進んだ理由の一つに，結婚しない人が増えたことがあげられる。理由は人さまざまであるが，非正規雇用が増え，給料が安く安定しない生活のため，家庭を持つことをためらう人も多く，これらを解決するためには，働く人々の暮らしの安定や長時間労働の問題解決や出産，育児がしやすい環境作りなどとともに，高齢者が社会に参加しやすい環境を作るなど，働き方の改革をしていかなければならない。

 事例で学ぼう　～女性が働きやすい社会～

人口維持には出生率2.07人が基準であるが，2016年における女性一人が生涯に産む子供の数は，1.46人である。また，晩婚化により，女性の第一子出産平均年齢が30歳を超えていることも，少子化につながる。さらに，共働き家庭が増え，働く女性が増えているにも関わらず，保育所に入ることができない待機児童問題や，子育ては女性の役目という雰囲気が社会や職場に根強くあり，仕事を持つ女性に心身の負担がかかることなど，育児と仕事の両立が難しいことも影響している。

 どうすれば女性が安心して働きながら結婚・出産や育児ができるようになるのか。具体的な社会や企業の取り組みや支援方法を考えてみよう。

（3） ダイバーシティ

ダイバーシティは，性別・国籍・障がいの有無・就業形態・年齢における多様性など，人それぞれの内面的な個性や価値観の違いを指す多面性を意味する。組織におけるダイ

バーシティは，多様な人材を活かして「働きがいのある職場づくりをする」ことである。人口減少と高齢化が進むわが国において，企業が持続的に成長するためにも，多様な働き方を支援し人材を活かす，ダイバーシティの推進が早急に求められている。ダイバーシティの推進は，働く人々が自分の条件に応じたワークスタイルで働くことができるので，働きがいが得られるだけではなく，優秀な人材を確保できるという企業側のメリットもある。

また，企業が幅広い人材を確保することは，環境の変化にも対応しやすく，多様な視点での行動を可能にし，コンプライアンス（法令遵守）にもつながる。

ティータイム

～企業のダイバーシティの取り組み例～

Tファイナンシャルホールディングスでは，ダイバーシティの中でも女性が長く働き続けることが出来るように，女性のキャリアアップ支援を5か年計画で実施している。キャリアと育児の両立支援を，本人と上司とダイバーシティ推進室が協力しながら進める。休業中の孤立・孤独感を取り除くために，常に会社とつながっている感覚を持ち続けられる様々な取り組みを工夫し，復職をスムーズにしている。この取り組みを，「勤務意欲の向上や業務の効率化と愛社精神をもたらすとともに，企業の成長には全ての社員が必要不可欠である。」と説明している。

（4） 正規雇用と非正規雇用

正規雇用者は，その多くが学校を卒業した年に入社し，OJT や OFF-JT を通して教育訓練を受け，人事異動や転勤を経験しながら仕事に精通するようになる。経験と年齢に応じて給料が増え，徐々に責任のある仕事を任され，社会的信用も得られるなど，安定・安心のメリットがある。しかし，望まない転勤や人事異動，残業や休日出勤もあり，長時間労働になるというデメリットもある。

非正規雇用者は，転勤や残業もほとんどなく，自分の都合で希望職種を選ぶ働き方ができるというメリットがあるが，正規雇用者のように，安心・安定・信頼を得ることが難しい。それぞれのライフプランに合わせて，労働時間や日数が柔軟に調整できる非正規雇用をあえて選択する人もある。その一方で，正規雇用を望んだにもかかわらず，非正規雇用の仕事にしか就けない人も多い。賃金や昇進・昇給などの処遇に差が生じる非正規雇用は多くの問題を抱えている。

2016年の正規雇用者は，就労者全体の63％で，非正規雇用者は37％である。このうち非正規雇用の男女別では，男性21％，女性57％であり，15～24歳の就労者の30.4％は非正規雇用である。

図表1-3　正規雇用と非正規雇用

	正規雇用	非正規雇用 （契約・出向・嘱託社員・派遣・パートタイム労働者など）
メリット	・終身雇用や年功序列制度の対象となる ・多くは賞与，退職金が出る ・社会・健康保険，厚生年金，雇用・労災保険など，企業も保険料を負担する ・有給休暇や夏季休暇などがあり，福利厚生制度により，充実したライフスタイルや生活を送りやすい ・クレジットやローンを組む時の信用になる ・能力開発の機会に恵まれる	・ライフスタイルに合わせて働くことができる （時間，場所，休日など） ・希望職種を選ぶことができやすい
デメリット	・企業の都合で異動や転勤がある ・残業や長時間労働をする場合がある ・有給休暇を自由に取得できないときがある	・生涯賃金で大きな差がつく ・医療保険，年金保険などの負担が大きい ・安心，安定，信頼が得られにくいことがある

　2016年には「働き方改革」がうたわれ，長時間労働や男女の特性を無視した働き方を見直そうという機運が訪れている。雇用形態に関係なく同じ労働には同じ賃金を支払う「同一労働・同一賃金」は，非正規雇用者の待遇改善策の一つとして，導入，実現が待たれる。さらに，正社員よりも給与は低いが，働く時間や場所を限定しての働き方ができる，限定正社員は，子育てや介護をしやすい，両方のメリットを享受できる働き方といえるが，制度普及までには至っていない。

図表 1-4　さまざまな雇用形態

正社員	休日や社会保険等，福利厚生が整い定年まで安定雇用で働く
限定正社員	働く時間と場所を限定して働く
契約社員	特定の職種で専門的能力を発揮し，雇用期間を契約し，働く
出向社員	関係企業から出向契約に基づき関係先で働く
嘱託社員	定年退職者等を一定期間再雇用する目的で契約し，働く
派遣労働者	「労働者派遣法」に基づき派遣元事業所から派遣されて働く
パートタイム労働者	正社員より1日の労働時間が短く，労働日数が少ない働き方

＊その他：臨時社員，在宅ワーカー，有期雇用契約，日々労働派遣など

ティータイム

〜フリーターとニート〜

　学校を卒業しても正社員としての就労ではなく，非正規就労する人をフリーター，学業も就業訓練，就労もしていない15〜34歳までの若者をニート（Not in Employment, Education or Training）という。2014年の総務省調査でフリーターとニートは179万人と発表された。生涯賃金を比較すると，大学卒業後に正規雇用を続ける者が2億1500万円に対し，非正規雇用を続ける者は5,200万円に留まるという試算がある。

3．ライフプランとキャリアプラン

　経歴・履歴・生涯を意味するキャリア（Career）の語源は，ラテン語の「車道」である。人生を旅に例えるなら，馬車で旅した行路には通ってきた車の轍の跡が残る。それをたどれば，それまでの経験やその時々の思いが蘇り，それが明日に続く人生の大きな糧となる。私たちはその糧をもとに，何か決断を迫られた人生の節目にこれまでを振り返ることで，これからの人生に何かヒントを見つけだすことができる。このようにキャリアは，「私たちがこれまで生きてきた道，これから生きる道」だということができる。そして，人生における生き方や働き方について考え，計画を立てることが，キャリアデザインである。

事例で学ぼう　〜雇用のミスマッチを防ぐために〜

　雇用のミスマッチとは，求人と求職のニーズが一致しないことである。就職して3年以内に，中卒の7割，高卒の5割，大卒の3割が離職する，七五三現象が社会問題となっている。「このような会社だとは思ってみなかった」「このような仕事だとは考えていなかった」という，リアリティショックによる早期離職である。

　求職時は，知名度の高い企業に気持ちが動くことが多いが，日本の企業の 99.7 ％は中小企業であり，この中小企業が日本の産業を支えている。安定した雇用を続けている中小企業にも目を向けることが，雇用のミスマッチを解消する一つの方法ともなる。そのためにも，就職活動までに自己理解を深めたうえで，職種・業種・企業研究をしっかりしておくことが大切である。

　安定した雇用が続いている中小企業を見つける具体的な方法を，グループで話し合い，まとめを発表しよう。

（1）ライフプランとキャリアプラン

　日々の生活には，働く以外に勉強する時間や食事・睡眠，ときには運動や遊び，家族や友人と過ごす時間などがある。私たちのキャリアは，仕事生活の「ワークキャリア」と，仕事以外の生活である「ライフキャリア」で形作られている。

　ワークキャリアは「仕事」人生で，仕事に関する職歴・職務経歴と将来のビジョン（展望）などを指す。一方のライフキャリアは，仕事以外の「生活」で，家族・家庭・友人・知人と過ごし，地域社会ともかかわる個人的な活動である。

　仕事人生という意味のワークキャリアは，人生の中での個人的な活動の時間の方が長いライフキャリアの中に含まれる。この2つのキャリアは人生の時間軸であり，仕事を中心にそのときどきの生活状況や家族状況により，お互いに影響し合いながら人生を形作っていく。私たちは，ワークキャリアから「仕事の目標」を立て，ライフキャリアから「なりたい自分」を目指していくのである。

図表 1-5　ワークキャリアとライフキャリア

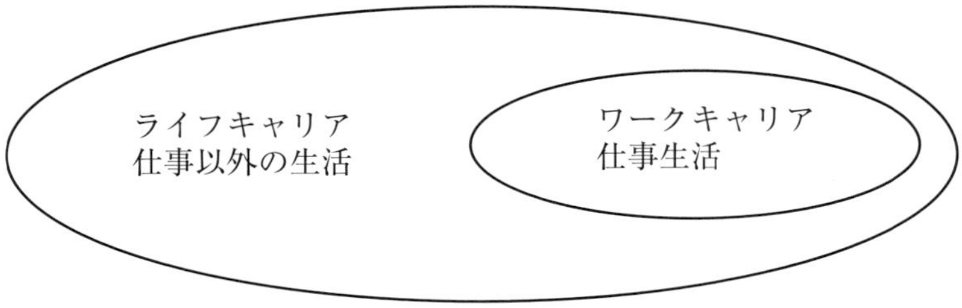

ライフキャリア
仕事以外の生活

ワークキャリア
仕事生活

（2）ワーク・ライフ・バランス

　個人生活の多様性を尊重しようと，2007年内閣府の男女共同参画会議で「仕事と家庭の調和（ワーク・ライフ・バランス）憲章」が策定された。当初は，働く女性の「仕事と子育ての両立」に限定した捉え方であったが，すべての人々の多様な生活は，男女を問わず，一人ひとりのキャリアの中でも働き方は変化していくものであると捉えられる。

　たとえば，子育て中は，仕事よりも家庭での時間が多くなるかも知れない。また，将来に備えて資格取得にチャレンジするときは，働き方を考え直すこともあり，親の介護が始まると，介護休暇を取得することもある。さらに，企業・職場，家庭・家族とのバランスだけではなく，地域活動への参加も含めて，社会で暮らすコミュニティとのかかわり方にもバランスをとる必要が出てくる。また，女性には出産という人生のイベントもあり，男性とは違うワーク・ライフ・バランスを考えておくことも必要となる。

（3）キャリアデザイン

　就職をきっかけに，キャリアデザインは始まる。生涯にわたる人生を視野に入れたキャリアデザインの入り口である就職は，「自分を知る」「他人を知る」「社会を知る」ためのワークが必要となる。具体的には，キャリア関連科目を学修し，キャリアセンターのガイダンスや，インターンシップに参加することをはじめ，勉学に励み，クラブ活動やボランティア活動，さまざまな人との人間関係を豊かにしておくことなど，日々の生活を充実させることが大切となる。

　今，65歳の自分を想像するのは難しいかもしれない。しかし，将来自分が何をしているのか，世界一の長寿国となったわが国で何をしたいのかを考え，そのために今やるべきこと，できることを始めよう。

第2章　税と社会保険

　私たちは，誰もが健康で豊かな暮らしをしたいと願っている。そのためには，安心して暮らせる社会があってのことである。しかし，そのような社会は個人や一企業・団体の努力だけでは築くことはできない。そこで，国は，社会を構成するみんなの力を合わせて安定した社会を築き支え続けるシステムを作った。それが「税と社会保険」の制度である。

　日本国憲法（以下　憲法　昭和21年）では「国民は，法律の定めるところにより，納税の義務を負う（憲法30条）」とある。この「納税の義務」は，「勤労の義務（憲法27条）」「教育の義務（憲法26条）」とならんで，国民の三大義務の1つとされている。

　本章では，社会基盤を築き，公共サービスを提供するための財源となる「税」と，人生のイザに備える「社会保険」について学ぶ。また，生活の基本となる「働く」を守るための労働法[*1]についても学び，社会の一員として人生を豊かに生きるということを考える。

 事例で学ぼう　～小・中・高の教育費は，1人1千万円以上～

　私たちは，満6歳の4月になれば小学校へ通い，中学・高校で学ぶことを当たり前のように考えている。その当たり前を行うために，公立で小学生に年間862,000円，中学生に984,000円，高校生に979,000円かかる（平成25年度☆国税庁）。

　税金が徴収されなければ，公共サービスは無くなる。そのかわりに全てを個人が賄わなければならない。あなたは，そのような社会で，家庭を持ち，子どもを育てたいだろうか。そもそも，安定した経済活動が成り立ち，海外からの投資が行われ，観光客が安心して日本を訪れるだろうか。

 税金で造られるインフラや提供される公共サービスを取りあげながら，私たちの生活と税の関係を話し合ってみよう。

[*1] 労働に関する法律を総称して労働法という。なお，「労働法」という名称の法律はない

1．税とは

　税金は，私たちの社会を維持し発展させるために求められる「会費」ともいわれる。その税金は，租税法律主義によって，「あらたに租税を課し，又は現行の租税を変更するには，法律の定める条件によることを必要とする（憲法84条）」と定められ徴収される。

（1）　税とは

　税とは，「国費・公費支弁のため，国家・地方公共団体の権力によって，国民から強制的に徴収する金銭など」（広辞苑）とあり，納められる金銭を「税金」という。

　また，税を賦課することを「課税」，課税された税を納めることを「納税」，徴収することを「徴税」という。納期限までに納付されない場合には，督促・財産の差押え・換金などの「滞納処分」を受けることが法律で定められている。

（2）　税金の役割

①　公共サービスの提供

　国や地方公共団体は，道路・上下水道・学校・病院・警察・消防・ごみ収集など，生活に不可欠な公共サービスを提供することにより，暮らしを安全で快適なものにする。

②　富の再分配

　社会には経済的に豊かな人と，そうではない人がいる。それを放置したままでは経済格差は広がり，社会不安を起こしかねない。それを回避する手段として税金がある。相続や所得に対して累進課税[*2]で徴収し，社会に還元することにより富の再配分を図る。

③　景気の調節機能

　税には，景気に対して自動安定化機能がある。景気が良いときには，税負担を大きくして可処分所得を減らし景気の過熱を抑える。不景気のときには，減税によって可処分所得を増やし景気を刺激する。

[*2] 所得の多い人には高い比率で，少ない人には低い比率で課税する制度。平成27年より5〜45％の7段階で課税

ティータイム

～税は時代によって変化する～

飛鳥時代：大宝律令（701年） 祖（収穫の3％）庸（都で労働10日間）調（布など特産品）

平安～室町時代：商工業活動への課税が始まる　関所で関銭（通行税）を徴収

安土桃山時代：太閤の検地では面積と収穫量を調査　二公一民の厳しい課税

江戸時代：運上金・冥加金の徴収　五公五民（藩により異なる）

明治時代：所得税・法人税の導入

大正～昭和時代：戦費調達の増税　源泉徴収制度の採用（昭和15年）

平成時代：消費税の導入　3％（平成元年），5％（平成9年），8％（平成26年）

（3）税金の分類方法

① 国税と地方税

国に納める税金を国税といい，税務署が担当する。また，地方公共団体に納める税金を地方税といい，都道府県は税務事務所が担当し，市町村は市町村の税務課が担当する。

② 直接税と間接税

税金を納める人と負担する人が同一の税金を直接税という。また，税金を納める人と負担する人が異なる税金を間接税という。

③ 課税対象

個人や会社の所得に課税することを所得課税，物品の消費やサービスの提供に課税することを消費課税，相続や固定資産に課税することを資産課税等という。

図表 2-1　税金の分類

		直接税	間接税
国税		所得税・法人税 相続税・贈与税	消費税・酒税・たばこ税 関税・石油ガス税
地方税	道府県税	道府県民税・自動車税 事業税・固定資産税	地方消費税・道府県たばこ税 ゴルフ場利用税
	市町村税	市町村たばこ税・入湯税 軽自動車税・鉱産税	市町村民税・固定資産税

（4） 給与所得者の税

給与所得者は，（給与収入 − 控除 ＝ 課税所得）で，課税所得に対する所得税を納税する。

① 源泉徴収制度

所得税の基本は，1年間の所得に対して本人が申告して納税する申告納税であるが，所得の支払者が，あらかじめ給与・報酬から所得税を徴収し，本人に代わって納税することを源泉徴収制度という。徴収は支払いが発生した際に行われる。

② 年末調整

毎月の給与から源泉徴収されてきた所得税の総額と，さまざまな控除を受ける場合の所得税とは一致しない場合がある。その過不足を調整することを年末調整という。所得税を払いすぎた場合は還付金を受け取り，不足する場合は不足額を納税する。

③ 確定申告

その年の1月1日〜12月31日までの所得に対して，納税者みずからが計算し納税することを確定申告という。給与所得者の場合は年末調整されるので，基本的には確定申告は必要ない。ただし，以下の場合には，翌年の2月15日〜3月15日までに確定申告を行なう。なお，5年間さかのぼって申告・訂正申告することができる。

- ・給与所得の他に，20万円以上の収入がある
- ・2か所以上から，給与・賞与を受け取っている
- ・源泉徴収の規定がない給与・賞与を受けている
- ・年収が，2,000万円以上ある
- ・災害により災害減免を受けている

④ さまざまな控除

所得税には，納税者本人の事情に合わせて税負担を調整するさまざまな控除がある。

図表 2-2　さまざまな控除

基礎控除	すべての納税者　38万円
配偶者控除	配偶者の所得が一定額以下の場合　38万円（70歳以上 48万円）
扶養控除	所得が一定金額以下の親族等（年齢により異なる）
医療費控除	本人，配偶者，扶養親族等のために払った医療費
社会保険控除	本人，配偶者，扶養親族等の健康保険料・年金・介護保険料
寄付金控除	特定寄付金を支払ったとき（確定申告が必要）
雑損控除	災害・盗難・横領などにより生活用資産などに受けた災害

(5) マイナンバー制度

マイナンバー制度とは，個人情報を1つの番号で管理する制度である。平成27年10月より，住民票を有する全員（外国人を含む）にマイナンバー（12桁の個人番号）が通知され，平成28年1月よりマイナンバーの利用が開始された。

個人にとっては，税・社会保障の手続きが簡素化されるメリットがあり，行政にとっては，税・社会保障・災害などの個人情報を一元的に管理することができる。また，行政コストの削減や税逃れの防止にも役立つというメリットがあり期待されている。

しかし，個人情報漏れや悪用などが懸念され，その対策が今後の課題となっている。

(6) 今後の税のあり方

少子高齢化の続く日本の人口は，2004年の1億2768万人をピークに，21世紀中ごろには2.5人に1人が65歳以上という超高齢化社会を迎える。満15歳以上の日本の労働人口は減少の一途をたどり，社会保障の財源は，ひっ迫した状況に陥ることが想定される。

一方，女性の社会進出やICTの進展とともに働き方や家庭のあり方も多様化していくことだろう。

私たちが，今後も安心して豊かな社会で暮らし続けるためには，公平な税負担と社会保障のあり方を国民一人ひとりが考えなければならない。

図表2-3　国民負担率[*3]の国別比較

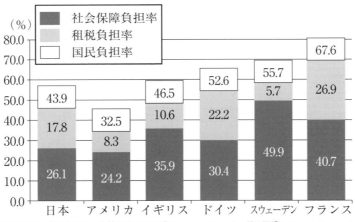

日本は2016年度見通し。諸外国は，OECD"Revenue Statistics"及び同"National Accounts"等による2013年実績値。

出典：国税庁「これからの社会と税」2016

[*3] 租税負担と社会保障負担（公的年金や公的医療保険の保険料など）の合計が，国民所得に占める割合をいう

2．社会保険とは

2015年の日本人の平均寿命は，女性87.05歳，男性80.79歳となり，世界有数の長寿国の記録を伸ばし続けている。私たちは，この80有余年の長い人生を健康に，豊かに過ごせるだろうか。人生で遭遇する，さまざまなイザに備え支え合うシステムが社会保険である。

（1）社会保険とは

公的社会保険は，労働保険と社会保険の2つからなり，加入が義務付けられている。労働保険には，労働者災害補償保険（以下　労災保険）と雇用保険があり，社会保険には，健康保険と厚生年金保険と介護保険が含まれる。

図表2-4　労働保険と社会保険

	保険の種類	保険者	管轄	窓口
労働保険	労災保険	国	都道府県労働局	労働基準監督署
	雇用保険		都道府県労働局	ハローワーク
社会保険	健康保険	全国健康保険協会 健康保険組合	全国健康保険協会 健康保険組合	協会の都道府県支部 健康保険組合
	厚生年金保険	国	日本年金機構	年金事務所
	介護保険	市区町村	市区町村	市区町村

（2）労働保険

労働保険は，労働者保護の観点から設けられ，1人でも労働者を使用する場合は，事業主の意思に関係なく加入しなければならない。労災保険の保険料は全額事業主が負担し，雇用保険の保険料は事業主と労働者が負担する。また，保険料率は業種により異なる。

① 労働者とは

「労働者」の定義は労働法によって異なる。労働者にあたるかどうかは，法律の保護を受けられるかどうかの重大な差異を生じさせるものだから重要となる。

労働基準法（以下　労基法）における労働者とは，「職業の種類を問わず，事業または

事務所に使用される者で，賃金を支払われる者」と定義される。正社員に限らず，アルバイト・日雇労働者・不法就労の外国人であっても賃金を支払われている人が労働者にあたる。

なお，代表取締役などの会社の代表者は労働者ではなく「使用者」として扱う。

② 労災保険

労災保険とは，労働者の稼得能力（働いて収入を得る能力）の損失を補てんするための保険である。労災保険の加入者は，正社員・パートタイマーなどの名称や労働時間に関係なく，その事業で働く労働者全員が，被保険者として加入することになる。

労働におけるケガや病気に対して，一定の要件がみたされれば労災保険金が給付される。なお，過酷な長時間労働が原因による，うつ病や自殺，過労死も労災認定される場合があるが，申請するためには労働時間・場所・仕事の内容などの記録や証拠の品が必要となる。日ごろから記録や書類の保存など，労働者本人だけではなく家族も心がけておこう。

しかし，長時間労働による重大な事案が後を絶たない現状に対して，個人での問題解決には限界がある。社会全体で健全な職業生活を送れる「働き方」を考え，それを実現できる社会を構築することに，官民を挙げて着手しなければならないだろう[*4]。

 事例で学ぼう　～労災保険は，給付されるだろうか～

　A子：会社の帰り道，通勤路にある駅で降りて，いつものように駅前の店で買い物をした。その帰り道，自転車とぶつかり転倒し腰の骨を折った。A子の入院治療費や通院のタクシー代などは，労災に認められるだろうか。
　B男：出張で故郷の札幌に行った。仕事が無事終わり，久しぶりに友人たちとススキノに行き楽しく会食した。その帰り道，雪道で転倒し頭部を5針縫うケガをした。B男のケガの治療費は，労災に認められるだろうか。

③ 雇用保険

雇用保険には，失業時の生活を守るための基本手当と，再就職を準備するために求職者へ給付されるものがある。雇用保険の加入者は，原則として31日以上働く見込みがある65歳未満の労働者で，労働時間が週20時間以上の者となる。

[*4] 政府は長時間労働・低い労働生産性などの改善，多様な働き方の実現を目的に「働き方改革実現会議」を開催した（平成28年）

また，給付には条件があり，被保険者期間（働いていた期間）と離職日の年齢により，受給日額と受給日数が異なってくる。基本的には，1年未満の被保険者には給付はない。

一方，病気で退職した場合などは基本手当の給付日数が延長される場合もある。

（3） 社会保険

社会保険の中でも健康保険と厚生年金保険は，正規社員は役職や地位に関係なく加入し，全て被保険者になる。ただし，アルバイトやパートタイマーは就業実態によるので，必ずしも被保険者になれるとは限らない。正規社員の概ね4分の3以上の勤務実態があれば，一般的に被保険者になることができる。また，平成28年10月より，年収106万円以上のパートタイマーの社会保険加入が，条件によっては可能になった。

① 健康保険

健康保険は，被保険者と被扶養者が業務外での病気やケガ，分娩，死亡したときに給付される。被扶養者とは，保険者に届け出た3親等内の親族をさす。

② 厚生年金保険

厚生年金は，一定の条件を満たす被保険者やその遺族に対して，生活費となる現金を給付する制度である。厚生年金は国民年金に加算して支給されるので，手厚い保障が得られる。それは，保険料を被保険者と会社が折半で負担するからである。平成28年10月からは，保険料率が給与・賞与の13.934％に引き上げられた。年金保険の財政がひっ迫しているため，今後も保険料率の引上げが予定されている。

③ 介護保険

介護保険とは，介護を必要としている高齢者などに必要な保険給付を行う制度である。サービスを受けるためには，保険者（運営者）である市区町村の認定を受ける必要がある。

介護保険料は，40～65歳未満までは会社で納め，65歳以降は市区町村に納める。

④ 国民健康保険

国民健康保険は，略して「国保」と呼ばれる。前述の健康保険「社保」に加入できないパートタイマー・農業者・自営業者・企業の退職者などが，現住所の市区町村ごとに加入する。企業の退職者は，退職後14日以内に住所地の市区町村役場で，自身で加入手続きを行う。また，国保には扶養制度はないので，世帯ごとに加入者数に応じた保険料を納め

なければならない。現在，国民の約35％が加入している。

なお，昭和36年，国保の施行により全ての国民が公的医療保険制度で守られる国民皆保険制度が整った。

3．労働と法

「労働法」には，労基法・労働組合法・労働関係調整法・労働契約法・最低賃金法などがあげられる。また，労働法は，立場の弱い労働者を守るための法律であるから，「働く者」としての自分自身・大切な家族・部下などを守るために基本的な知識を身につけよう。

（1） 労働基準法

労働者を守る最も基本となる法律である。劣悪な労働条件から労働者を守るために，最低限の基準を定め（昭和22年），労働基準監督署[5]を設置した。労基法に満たない労働条件は無効とされ，違反すると個人だけではなく会社も連帯責任を負って罰せられる。

労基法には，賃金・休憩時間・休日など多くの労働条件の最低基準が定められている。
- 労働時間は，1日8時間で週に40時間とする。
- 時間外労働には割増賃金を払う。通常の割増は25％増。休日労働は35％増。深夜労働は，22時～翌5時とし25％増。休日労働で深夜労働の場合は，60％増となる。
- 有給休暇は，6か月間継続勤務し80％以上出勤した場合は10日間の年次休暇を与える。その後，1年経過するごとに1日ずつ増え，総日数20日を限度とする。

（2） 三六（さぶろく）協定

労基法36条に則って，労働者に残業させることができるようにするための協定をいう。三六協定は，その事業所の過半数で組織する労働組合（組合がない場合は，過半数を代表する者）と，書面による協定を「締結」し，それを所轄の労働基準監督署所長に「届出」を行うことで発効する。

（3） さまざまな労働法

労働者を守る法律には，さまざまな法律がある。基本的な内容を把握しておこう。

---

[5] 厚生労働省の出先機関で，労基法の監督および労災保険の給付を行う。略して労基署・監督署という

図表2-5　さまざまな労働法

労働法	内容
労働基準法	労働条件の最低基準を定める法律
労働契約法	労働契約に関する法律
最低賃金法	賃金の最低基準を定める法律
男女雇用機会均等法	労働上の性差別撤廃に関する法律
労働組合法	労働組合に関する法律
労働関係調整法	労働争議の調整等に関する法律
パートタイム労働法	パートタイマーの労働条件に関する法律

（4）「書面」による労働契約

　働き方が正規・非正規にかかわらず，労働契約を結ぶ前には，下記の労基法15条の「絶対的明示事項」が記載された雇入通知書や就業規則[*6]などを明示し，使用者と労働者の合意の下，書面を交わさなければならない。

　正規の入社時に限らず，アルバイト等でも，自分のために慎重に手続きを行おう。

① 「絶対的明示事項」：必ず明示しなければならない内容
　・労働契約の期間　就業場所　業務内容　始業時刻　終業時刻
　・所定労働時間を超える労働の有無，交代制勤務の場合の就業時転換に関する事項
　・賃金の決定，計算，支払い方法，および締切日と支払日
　・退職に関する事項および有期雇用の場合は契約更新の有無，有の場合は条件

② 「相対的明示事項」：該当する事項がある場合に明示する
　・退職手当の定めをする場合
　・臨時の賃金等および手当の定めをする場合
　・労働者に食事，作業用品その他の負担をさせる定めをする場合　など

＊6　入社してから退職するまでの勤務条件・服務規律・福利厚生などについて使用者が定めた規則

第3章　地域連携とボランティア

1．人材育成の仕組み

（1）　会社の人材育成

　会社の中での人材育成の仕組みは，Off-JT（オフ・ジェー・ティー）とOJT（オー・ジェー・ティー）に分けられる。Off-JTとは，仕事を離れて（off）のJob Trainingということで，ある場所に受講者が集まって必要な教育を受ける研修と呼ばれるものが中心になる。新入社員研修や新任管理者研修，マーケティング企画担当者研修など，さまざまなものがある。

　一方，OJTとは，仕事をしながら（on）のJob Trainingであり，日常の仕事を通じて教育するものであり，Off-JTのように教えることが完全に体系立てられているわけではない。教える側となる上司や先輩が決まったやり方で誰に対しても必ず同じことを教えるというよりは，仕事を進める過程で自らやってみせたり，アドバイスをしたりすることで，日常業務の中で仕事のやり方を教えていくという形になる。

　このように人材育成の仕組みは2つの種類があるが，仕事をする上で必要な能力も2つに分けることができる。一つは，Off-JTの研修や単純作業の繰り返しで身につく「基本的技能」であり，もう一つはこの「基本的技能」を用いて実際の仕事を行う経験を積むことによって獲得される「実践適応技能」である。実践適応技能がなければ，仕事の成果を上げることは難しいだろう。英語の検定試験で高得点を記録していても，新入社員がすぐに海外との取引業務に携われるわけではないのも，「実践適応技能」が不足しているためである。

　スポーツの練習や試合をイメージするとわかりやすいかもしれない。例えば，サッカーの練習では，パス，ドリブル，トラップ，シュート等の基本練習があり，これらの練習を繰り返すことでキックの正確性やスピードなどの基本的技能は向上するだろう。しかし，

実際の試合で自分の技術がうまく使えるかというと必ずしもそうとはいえないだろう。どのタイミングでどの場所に，あるいは誰にパスをするのか，あるいはドリブルすべきなのか，シュートすべきなのかなど，選択肢は無数にある中で自分で判断し，実行していかなくてはならない。基本的技能の練習の他に，実践的な練習や練習試合，公式戦などの経験を積むことによって，試合で使える能力，すなわち実践適応技能が高まってくるわけだ。

ビジネスの世界でも同じであり，Off-JTで身につけた「基本的技能」は，予期せぬことが次々と起こる実際の仕事の場を経験することによって，はじめて，成果を上げるために必要な「実践的技能」へと高められる。

このように，人材育成には，Off-JTなどの基本的技能の向上のための訓練と，OJTを通じた実践適応技能を高める経験の両方が必要なのである。

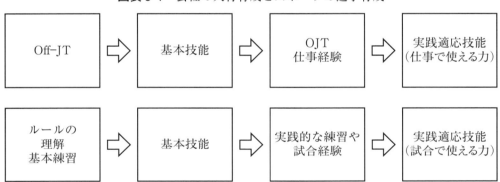

図表3-1　会社の人材育成とスポーツの選手育成

（2）大学の人材育成

大学の教育においては，人材育成の仕組みはどのようになっているだろうか。ほとんどの講義は，能力の向上というよりは，知識の習得が重視される傾向にあるだろう。

しかし，ビジネスの現場で活躍するためには，これまでの章で学んだようにビジネスに関する基礎知識も必要だが，それだけでは十分でない。それらの知識を使いながら，成果を上げる能力も必要になる。実際の就職活動では，企業の採用担当者は，自社に貢献できる人物かどうかという基準で志望してきた学生を見ているのだ。したがって，学生のうちから，知識だけでなく，自分の能力を伸ばす努力が必要になる。

それでは，ビジネスの現場で働くにあたって，どのような能力が必要なのだろうか。経

図表 3-2　職場や地域社会で活躍する上で必要となる能力について

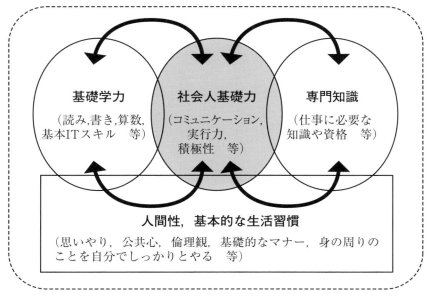

出典：図表3-2, 3-3とも経済産業省「社会人基礎力に関する研究会「―中間とりまとめ―」」（平成18年1月）
http://www.meti.go.jp/policy/kisoryoku/chukanhon.pdf, (2017-02-08).

済産業省は「組織や地域社会の中で多様な人々とともに仕事を行って行く上で必要な基礎的能力」を「社会人基礎力」と定義して，基礎学力や専門知識に加え，それらをうまく活用していくための「社会人基礎力」を意識的に育成していくことが今まで以上に重要になってきているとし，その構成要素を示している（図表3-3）。

また，大島ほか（2010）は，新卒時点で求められる汎用能力として，①対話力・対応力（適切な「聞く」「話す」ができる力），②好感獲得力（他者に好意的な印象を与える力），③吸収力（外界の情報を柔軟に自分のものとする力），④継続力（粘り強く，頑張り続けられる力）の4領域を示し，また，ビジネス実務で求められる汎用能力として①付加価値を付ける力（気づく力，計画・実行する力，周囲を巻き込む力），②バランス感覚（周囲を観察し，協調しながら課題解決する力）の2領域を提示している。

では，これらの能力は，どのようにして伸ばすことができるのだろうか。

それはその能力を使うことを実践するしかない。しかも，当たり前にできることを当たり前にこなしても，能力は伸びない。能力を伸ばすということは，これまでの自分にはできない「身の丈を超えた経験」が必要になる。大学教育において，このような「身の丈を超える経験」を実践する機会としては，①課題解決型学習（PBL），②長期間の実践型インターンシップ，③ゼミ・研究活動，④産学連携教育（コーオプ教育），⑤サービスラー

図表 3-3　社会人基礎力の構成要素

分類	能力要素	内容
前に踏み出す力（アクション）	主体性	物事に進んで取り組む力
	働きかけ力	他人に働きかけ巻き込む力
	実行力	目的を設定し確実に行動する力
考え抜く力（シンキング）	課題発見力	現状を分析し目的や課題を明らかにする力
	計画力	課題の解決に向けたプロセスを明らかにし準備する力
	創造力	新しい価値を生み出す力
チームで働く力（チームワーク）	発信力	自分の意見をわかりやすく伝える力
	傾聴力	相手の意見を丁寧に聞く力
	柔軟性	意見の違いや立場の違いを理解する力
	状況把握力	自分と周囲の人々や物事との関係性を理解する力
	規律性	社会のルールや人との約束を守る力
	ストレスコントロール力	ストレスの発生源に対応する力

ニングがあげられる。しかし，単に実践するだけで能力が自然に伸びるかというとそうではない。汎用能力を育成するための要件として，以下の4つが必要になる。第一に事前学習の実施（現場で必要となる知識や技術の修得），第二に現場での実践，第三に，振り返り（リフレクション）の実施である。振り返りがなければ，実践しても能力の伸長への効果は限られたものとなる。大事なのは，実践した経験から何を学ぶかなのであるから振り返りは不可欠である。そして第四に，成果物の作成や受け入れ先などに向けた成果報告会や報告書作成など，学んだことの集大成を形にして学内外に公表することである（大島ほか，2010）。

　このような実践の場があれば積極的に参加し，自身の能力を伸ばすことを心がけることが大切である。

2．ボランティア

（1）ボランティアとは何か

　「ボランティア」という言葉を聞いて，何を思い浮かべるだろうか。「ボランティア」あるいは「ボランティア活動」という言葉は，日本語としても定着してきたように思うが，

それでもまだ，奉仕あるいは奉仕的活動と混同されていることが多い。まずは，「ボランティアとは何か」という定義をしておこう。

ボランティアの必要条件として，「自発性」「非営利性」「公共性」の3つがあげられる（内海ほか，2014）。その中で最も重要な条件として第一にいわれるのが「自発性」である。ボランティア（volunteer）という言葉は自発的（voluntary）と従事する（〜eer）が結びついてできた言葉であり，ボランティアの語源ともなっている。したがって，ボランティアとは，自発的な，あるいは人や状況による押し付けや命令ではないということが条件となる。第二の条件の「非営利性」とは「無償性」ともいわれ，ボランティア活動を経済的な対価を主たる目的としないことである。第三の条件の「公共性」とは「社会性」あるいは「公益性」ともいわれ，他者あるいは社会に何らかの意味で役になっていることである。ここでいう他者とは，自分とは直接的な関係のない人や私的な利害関係がない人であり，教師が生徒を助けたり，親が子供を支援するのはボランティアとはいわない。

以上をまとめると，ボランティアとは，自発的に，経済的な対価を主たる目的とせずに，自分とは直接の関係にない人や利害関係のない人を支援したり，彼らにとって役に立つことを行う活動といえる。

ティータイム

〜ボランティア活動と奉仕活動はなにが違うのか？〜
　奉仕活動は，ボランティア活動と混同して使われることが多いが，奉仕活動には自発的でない活動も含まれるし，無償の肉体労働的な面が強い。混同して使わないように注意しよう。

（2）ボランティアの意義

アメリカでは，有名大学や医学部への進学あるいは大手企業への就職の際，履歴書にボランティア活動を書くことが必須の条件になっているという。これは，ボランティア活動が，ボランティアを行う人の人格形成や能力形成に良い影響を与えるからこそ，有名大学や大手企業が，教室内での学習だけでなく，ボランティア活動が必須だとみなしていると考えることができる。

ボランティア活動は，支援される側にとって助けとなるだけでなく，支援する側にとっても，「人助け」の満足感や達成感，人から感謝されるといった経験を得るだけでなく，

貴重な学びの機会を与えてくれるのである。地域社会にはさまざまな人々が生活し，それぞれさまざまな悩みや困難を抱えているのだが，学校や職場で出会う人々は，同じぐらいの年齢であったり，同じような収入や考え方を持った人々が多い。本来，社会は病人や障害者，幼児や高齢者なども含め，さまざまな人々から構成されているのだが，日常生活において，学校や職場と家を往復しているだけでは，自分と同じような人々としか交流する機会はない。社会を構成するさまざまな人々と触れ合うこと，そうした人々を理解することは，社会で生きていく上で非常に重要である。

ボランティアは地域社会に出て行くことであり，自分の世界を広げてくれる。そこで出会う人々は，学校や職場などのこれまでの自分の領域では，出会うことのできない人々である。支援される側の人たちもそうだし，既にボランティアに取り組んでいる人やそのリーダーなどである。そうしたさまざまな人々との出会いやボランティア活動の経験は，貴重な学びの場を与えてくれる。ボランティアが社会において主体性を確立し，豊かな心を育成する基盤といわれるのはこのためである。

さらに，ボランティア活動は，困難に直面する人々への支援活動であるが，この活動には，人々を困難に直面させる社会的課題への洞察を促す側面がある。なぜならば，人々の困難には原因があり，それは社会的不正義や政策の不備などと関係しているからである。支援活動だけでなく，こうした社会的課題への洞察を促すということも，ボランティアの意義といえる（内海ほか，2014）。

（3） ボランティア活動の探し方

ボランティア活動をしてみようと思った時，自分で仲間を募り一から活動をはじめるのは，非常に意義深いことであるし貴重な経験となることは間違いないが，やはり大変である。そんな時は，既に行われているボランティア活動に参加するという方法も考えられる。ボランティア活動はさまざまな分野で行われていて，自分の暮らしている地域社会にはさまざまなボランティア組織があるはずである。ボランティアに関する情報は，自治体の「ボランティアセンター」などで入手できるし，最近では「ボランティアセンター」がある大学も増えている。また，YAHOO! JAPANでも地域ごと・カテゴリーごとにボランティア団体を検索できるサービスもある（2016年11月現在）。まず，自分の周囲に，どんなボランティア団体があるか，どんなボランティア活動が募集されているかを調べてみよう。そしてその中で，自分が参加するボランティア活動を選んでみよう。

その際，ポイントの一つは，自分の興味や関心から，ボランティア活動の分野・テーマを選ぶことだろう。障害者や高齢者の支援など福祉の分野から，教育やスポーツ，まちづ

くり，国際交流，環境問題など，さまざまな分野がある。興味がない分野を選ぶことで，自分の考えや経験の幅が広がる可能性もあるが，知識や興味がない分野の活動への参加は，相手先に対しても失礼になるかもしれないし，貢献も小さくなるかもしれない。やはり，大学で学んでいることに関連のある分野や自分が興味・関心がある分野を選んだ方がよいだろう。

　2つ目のポイントは，自分がどんな活動をしたいかという，活動の内容を選ぶことである。たとえば，スポーツという分野でも，子どもにスポーツを教えることや，スポーツの試合会場でのお客さんの誘導などの活動もある。続けていくためには，自分がやりたい活動を選ぶことも重要である。また，活動の日時や場所，交通費など活動に必要の経費が自己負担かどうかなど，活動先が求める条件にも注意しておこう。やってみたい活動であっても，自分が無理なく続けられるかということも重要である。無理をしてはじめても，すぐに行かなくなってしまっては，相手先にも迷惑がかかるかもしれない。続けられる活動を選ぶことも重要である。

（4） ボランティア活動から学ぶ

　ボランティア活動を正課の授業に取り入れた教育手法のことを一般的に「サービスラーニング」と呼んでいる。ボランティアは支援される側だけでなく支援する側にも効果があるということを述べたが，それでもやはり，本来の目的は，困難に直面した人を支援することであり，その活動の受益者はボランティアを受ける側である。一方，サービスラーニングにおいては，学習ということも重視され，支援される側と支援する側の両方が利益を受けることを目的としている。

　サービスラーニングとは，学生たちが地域社会や人々の要請に基づきボランティア活動を行う中で学ぶ，経験的学習のひとつの形であり，その活動には意識的に学生たちの学びと成長を促進するような機会が組み込まれている。ボランティア活動を受ける側に利益がある一方で，学びと成長の機会として，ボランティア活動を振り返る（内省する）時間も重視されている。それは振り返りがその経験を知識へと変換するからである。

　例えば，地域の清掃活動を行っても，ボランティア活動では地域住民と作業をともにしたという一体感や地域がきれいになったという達成感は得られるかもしれないが，学びや成長の機会という点では限られた効果しか持たないだろう。これに対し，サービスラーニングでは，その地域でなぜ清掃活動が必要なのか，地域をきれいに保つためにはどうすればよいかなど，さまざまな学習につながっていく。

　したがって，個人でボランティア活動に参加する場合でも，「振り返り」を行うことで，

自分の成長は大きくなるだろう。経験学習理論によれば,「現場に入りさまざまな経験をし,その経験をさまざまな角度からふり返り,観察した事実を理論的・概念的に理解し,一般化する。得られた理論や概念を使って現場の問題を解決すべく,実行に移す。その結果,新たな経験に出会い,次なる新たな知識の獲得につながっていく」(内海ほか,2014)という。学生諸君にはぜひボランティア活動の経験を自分の成長にもつなげてもらいたい。

3．地域連携

（1） 地域連携の背景

　大学の役割は,従来は研究と教育と考えられてきたが,平成19年に「学校教育法（第83条）が改正され,社会貢献も大学の使命として据えられた。これが,大学と地域の連携が増加したひとつの要因である。しかし,もっと大きな要因として,これまでの大学教育の転換が求められたことである。社会の仕組みが大きく変わる中で,社会に貢献していくためには,想定外の事態に遭遇したときに,そこに存在する問題を発見し,それを解決するための道筋を見定める能力が求められる。そのような能力は,従来のような知識の伝達・注入を目的とした授業では育成することはできない。学生と教員がコミュニケーションをとりながら,一緒になって切磋琢磨し,相互に刺激を与えながら知的に成長する場をつくり,学生が主体的に問題を発見し,解決策を考えていく能動的学修（アクティブ・ラーニング）への転換が必要であるとされたのである。その方法のひとつとして,大学が地域と連携したPBL（project based learning：課題解決型学習）も多くの大学で取り組まれており,国もそのような取り組みを支援している。文部科学省の「大学COC事業（地（知）の拠点整備事業）」,「地（知）の拠点大学による地方創生推進事業（COC＋）」や総務省の「域学連携事業」などがある。総務省の「域学連携事業」においても,地域と大学両方のメリットとして人材育成が上げられている（図表3-4）。

（2） 地域連携の事例—まなびとプロジェクト

　地域連携の事例として,北九州市の「まなびとプロジェクト」を紹介しよう。まなびとプロジェクトとは,北九州まなびとキャンパスで行われている教育活動のひとつであるが,まず,北九州まなびとキャンパスについて説明しよう。北九州まなびとキャンパスは,北九州市内の国公私立の10大学すべてと地域社会が連携し,実践活動を通じて将来を担う人材を育成する教育の場である。2013年3月に小倉駅から徒歩8分ほどの商店街「魚沼

図表 3-4　地域のメリットと大学のメリット

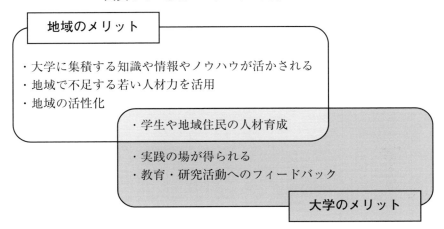

出典：総務省「「地域連携」地域づくり活動」
　　　http://www.soumu.go.jp/main_sosiki/jichi_gyousei/c-gyousei/ikigakurenkei.html，（2017-02-08）．

銀天街」にあるビルの中にオープンした。そこでは，大学の教員，学生，まちの人，企業の経営者など，学びたい人が自由に集い，だれもが先生に，だれもが生徒になれる学びの場として，教えあい，教わりあえる「市民の生涯学習の場」として多様な教育プログラムが展開されている。

　そこで展開されているもうひとつの活動がまなびとプロジェクトである。地元の大学生が中心となり，地域が抱える問題を地域団体や企業，行政とともに解決する方法を考え，実践していくプロジェクト型のPBLである。Jリーグクラブチーム「ギラヴァンツ北九州」の協力の下で，「ギラヴァンツ北九州」のホームゲームが北九州で一番盛り上がるように，学生プロデュースによるさまざまな広報戦略を展開する「GiraQ」プロジェクトや，NPO法人タウンモービルネットワーク北九州および北九州市との協力の下で，自動車を過度に利用せず「地球にやさしく」と「生活を便利に」を両立させ，楽しみながら賢くモビリティ（移動しやすさ）を高めていく活動であるモビリティプロジェクトなど，約30のプロジェクトが展開されている。

　学生の発案がイベントの盛り上げにつながるなど，プロジェクトの効果が認められ，地域の商店街組合や行政をはじめ，NPO，企業など外部からのプロジェクトのオファーが後を絶たないという（東京IT新聞2015年7月15日）。

　まちぐるみの実践教育は地域社会の協力がなければ成功しない。また，地域に対して貢献する部分がないと地域社会の協力を得続けることはできないだろう。まなびとプロジェクトは地域の協力と地域への貢献がうまくマッチした取り組みといえる。

（3）地域連携 PBL の課題

　商店街組合や NPO，行政などと協力して行う地域連携 PBL は，継続するためにはプロジェクトとしての成功が必要である。地域社会や依頼元への貢献がないと，長期的に継続してもらうことは難しくなるだろう。しかし，もう一つの目的である学生の成長という視点から考えると，プロジェクトとしての成功は重要ではなく，むしろ「失敗から学ぶ」ということも考えられる。プロジェクトを成功させるために，教員があまりにも介入し，学生の主体的な学びの機会を奪わないように注意しなければならない。このように，プロジェクトをマネジメントする教員には，プロジェクトとしての成功とラーニングとしての成功（学生の成長）を両立させる，あるいはそのバランスを保つ能力が必要になる。

　また，このような学びは，学生のモチベーションをいかに高め，維持するかということが非常に重要になる。学生が本気で取り組まなければ，成長は見込めない。学生をいかに本気にさせることができるかという能力も，教員側には問われる。さらに，これと関連するが，多くの学生が同じプロジェクトに取り組むので，学生間の本気度に大きな差が生じることが多い。特に，単位化されたものの場合，どうしても受動的に取り組む学生がある程度存在するだろうし，プロジェクトへの貢献も大きな差が生じる。これは，メンバー間の衝突を生じさせる大きな要因になる。教員がどこまで介入するか，教員の判断力も問われる。

　このように，地域連携 PBL を効果的に実践するのは非常に難しい。しかし，PBL などのプロジェクトへの参加の機会があれば積極的に参加し，自身の成長につなげてほしい。

 事例で学ぼう　～「留職」～

　新興国で現地の社会課題を解決する実地研修「留職」と呼ばれるユニークな研修プログラムを導入する企業が増えている。海外の大学などに滞在して学ぶ「留学」に対して，「留職」とは海外の社外の職場に滞在して就業体験を積むという意味の造語である。海外の取引先などで就業するのとは異なり，NPO や NGO と協力して現地社会が抱える課題の解決に取り組む点に特徴がある。企業にとっては，①タフな環境の中でもゴールを描き周囲を巻き込めるリーダーの育成，②現地社会が求めるニーズの理解と事業アイディアの創出，③本業のスキルを通じて社会に貢献することによる社員のモチベーション向上という3つの効果が期待できるという（日経ビジネス 2012.7.30 および http://crossfields.jp/project/）。

　自身の本来の職場から離れ，未知の地域の課題解決に挑むことにより，社員個人の成長と現地の課題解決を図るという取り組みは，まさに，企業版のサービスラーニングもしくは地域連携 PBL と言える。

第4章　現代社会における情報管理

　かつてはビジネス活動に不可欠なリソースとして,「ヒト」「モノ」「カネ」が特に重要とされ,「経営の三大資源」とも呼ばれていた。現在はこれに「情報」を加えて,経営の四大資源,あるいは「ナレッジ」(p.14参照)を加えて五大資源とするのが一般的である。

　近年ビジネス活動全般において重要度を急速に増してきた「情報」とはいったい何であろうか。本章では,まず「モノ」と異なる「情報」の特性を明らかにしたうえで情報管理の基本を概説する。次に,ビジネス活動において重要な意味を持つ「個人情報」を取り上げ,その収集・管理に関するポイントをまとめる。さらにインターネットをバックボーンとしたオープンなネットワークとビジネスの関連について考え,最後に,情報化時代の最重要資源の1つである「知的財産権」を概観したうえで,全体をまとめる。

1. 情報管理の重要性

　新製品をこのタイミングで売り出すか,それとも今少し待つか。ライバル社の動向に合わせて自社製品の定価を下げるか,このままの価格を維持するか。来春からの入社を希望して面接に来た目の前の学生に内定を出すか,出さないか。ビジネスはまさに意思決定の連続である。とくにトップマネジメント（経営層）が大きな判断ミスをすれば,企業の存続すら危ぶまれる事態にもなりかねない。意思決定で失敗しないためには,正しく,有用な情報をタイミングよく収集し,分析することが不可欠となる。それゆえ企業内では,全社共通の,あるいは部署内独自の情報管理の仕組みを作り,運用している。組織のルールに則って情報管理を実践することは,現在のビジネスワーカーに求められる最も重要な実務の1つなのである。

(1) 情報とは何か

　情報という概念はそれほど古いものではなく,明治以降,英語のinformationの訳語として定着した。情報が情報として成立するためには受け取る人間が必要であり,情報は,

その受け手にとって何らかの「意味や価値のあることがら」として捉えることができる。ここでは「モノ」と比較した場合の「情報」の3つの特性を確認していこう。

■ 価値の個別性

情報はモノと比べて、その意味・価値の変動の度合いが著しい。たとえば「明日の天気」がどうなるか気になることは多いが、「昨日の天気」はどうだろうか。多くの人にとって、もはやどうでもいいことだろう。情報は受け取るタイミングによって、その価値や意味が大きく変動する。また、受け取る人によってもその価値は異なる。たとえば本テキストは小学生が読むのには難しすぎるし、日本語のわからない人にとってはただの紙の束に過ぎないだろう。このように受け取る人や、タイミング、場所、状況等によって大きく意味が変動するのは情報の持つ大きな特性の1つなのである。

■ 複製性

印刷、複写、録音、録画。情報はさまざまな方法で、コピー（複製物）を作ることができる。情報の大量コピーが可能になったのは、15世紀のドイツで技師グーテンベルクが活版印刷術を生み出して以降で、これは人類史上最も重要な発明の1つとされている。活版印刷術により、情報が大量に複製され、結果として「知の大衆化」が進んだからである。簡単にコピーが作れることのメリットは計り知れないが、複製が増えればそのぶん秘密漏えいの可能性も高まる。組織においては、とくに機密性の高い書類はコピーを禁止して原本管理したり、複製物にナンバリングをしたりして情報管理に努めている。

■ 恣意性（意図の介在）

私たちが直接体験によって情報を得ることは、実は意外と少ない。新聞、テレビ、携帯電話、上司、友人……。「自分以外の誰か」から情報がもたらされることの方が圧倒的に多いのである。そして、実は私たちに情報をもたらしてくれる媒介者（＝メディア）は、全てをそのまま伝えているわけではない。何を伝え、何を伝えないかを決めるのは、メディアの自由であるし、わかりやすくするため、印象的にするため色々な加工もする。友人があなたに何かを伝えるときも、その人の価値観、考え方が含まれている。とくにビジネスで情報を扱うときは、必ず複数のメディアにあたり、比較検討する姿勢が必要である。

（2）情報管理のポイント

ビジネスにおける情報管理のポイントは3つにまとめることができる。

■ 迅速性

「必要な情報をすみやかに収集・処理できる」。これが第一のポイントである。前節で見たように、情報の価値は、それを受け取るタイミングで全く異なってしまう。鮮度の高い

情報をいかに手に入れるかは，ビジネス成功の鍵ともいえる。また，保有している情報がすぐに見つからないような状況は避けなければならない。いつでも必要な情報が迅速に引き出せるような仕組みづくりが必要である。

■ 共有性

「その情報を知っているべき人は，全員正しく知っている」。これが第二のポイントである。同じ組織のメンバー間でもっている情報が違うと，それが認識のズレ，判断のズレにもつながり，思わぬトラブルを引き起こしかねない。アップデイトされた正確な情報を関係者全員が共有することが必要である。近年は，関係者への同報メール等を活用して，情報共有の徹底が図られることが多い。

■ 機密性

「その情報を知るべきでない人には，決して知らせない」。これが第三のポイントである。新製品の技術情報は開発部のメンバーは全員正しく知っていなければならないが，他部署には決して知らせない。このような状況はビジネスでは頻繁に生まれる。企業においては文書情報の場合はカギのかかるキャビネットで管理したり，ネットワークで情報共有をしている場合はアクセス制限をかけるなどして，情報の囲い込みを実現している。

（3） 文書情報の管理

近年は，クラウドコンピューティング[*1]の一般化により，必要な情報をネットワークを通じて随時利用できるような情報管理体制が主流となってきた。しかし，文書による情報管理がなくなったわけではない。紙媒体には記録性，簡易性といった優れた特徴があり，ビジネスメールの大切なやりとりをプリントアウトして残すこともある。文書情報の管理[*2]について確認しよう。

図表 4-1　文書のライフサイクル

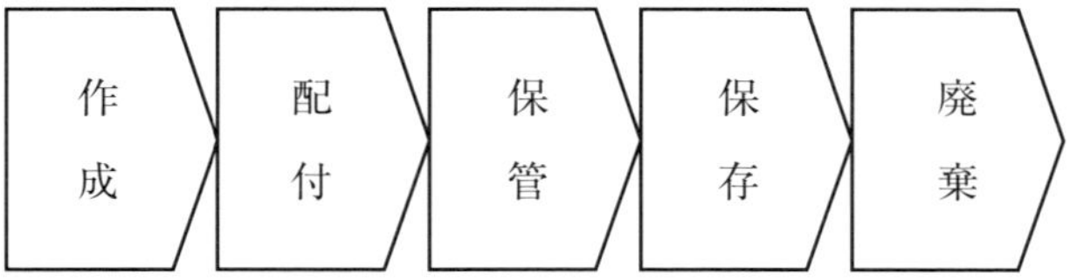

作成 → 配付 → 保管 → 保存 → 廃棄

---

*1　データベースやソフトウエアなど様々なサービスを，インターネットを通じて配信すること
*2　文書情報を作成から廃棄にいたるまでトータルに管理することをレコードマネジメント（記録管理）と呼ぶ

図のように，文書管理には5つのフェーズがある。「作成」の段階においては，作成者がその文書はオープンなものなのか，関係者のみで閲覧すべきものなのか，位置づけを決定する。扱いに配慮が必要な場合は，文書の上部に「厳秘」「取扱注意」などの表記をして注意喚起を行う。「部外秘」「課外秘」などと閲覧可能者の範囲を具体的に記す場合もある。機密性の高い文書の場合，「配付」の段階でも直接手渡しや簡易書留の利用，メール添付の場合はパスワードによる保護など，セキュリティに十分な配慮をしなければならない。

　「保管」とは，活用期間の文書をいつでもすみやかに取り出せるように管理しておくことである。ビジネス文書の保管の手法をファイリングといい，文書をやりとりする相手ごとに整理する「相手先別整理」，文書の内容で分類する「主題別整理」，1つの案件の最初から最後までの関係書類をまとめる「一件別整理」などの分類法がある。管理担当者が不在の場合に文書の所在がわからないようでは，ファイリングとはいえない。一定の基準に則って分類整理し，関係者がいつでも取り出せる状態にしておかなければならない。

　古くなり，活用期間が過ぎた文書は次のフェーズに移行する。「保存」とは物理的に残しておく段階をいい，たとえばダンボールに詰めて，地下の倉庫に入れておく。参照度は低いが，法定保存年限のある文書や，その部署にとって資料として残しておく価値のあるものは保存しておく。最後のフェーズは「廃棄」である。文書情報は放っておけば増える一方なので，あらかじめルールを決めて，保存期間が過ぎたものは順次廃棄していく。なお，保存フェーズをとばして，保管から廃棄への進むプロセスの方が一般的である。

（4） コンピュータネットワークによる情報管理

　多くの企業体は，組織内で情報を効率的に管理するために情報ネットークワークシステムを構築している。これらは基幹系システムと情報系システムに分かれる。

■ 基幹系システム

　その企業が行っているビジネス（事業）の根幹を支えるシステムをいう。たとえば銀行のオンラインサービスや，鉄道会社や航空会社のチケット発券システムなどがこれにあたる。その業界や企業の事情に応じてオーダーメイドで構築され，セキュリティが何より重視される。金融機関の場合は勘定系システムと呼ばれる。

■ 情報系システム

　組織の構成員の業務上のコミュニケーションや情報共有を扱うシステムをいう。会議室の予約や顧客情報の共有，電子決済などがサポートされていることが多い。汎用性，操作性，拡張性が重視される。インターネットに接続し，外部からのアクセスを可能にしている場合も多い。情報共有系システムと呼ばれる場合もある。

2．個人情報の取扱い

　個人情報を効率的に利用することは，ビジネス活動を成功させるための重要なカギの1つである。しかし，その収集・管理・活用については，相手のプライバシー権に配慮し，慎重を極めなければならない。そもそも個人情報とは何なのか。本節ではプライバシー概念の変遷をたどり，個人情報の定義や重要性，管理上の注意点について概説する。

（1）プライバシー権とは

　プライバシーの概念は，19世紀末にアメリカで生まれた。決して古くからあるものではなく，20世紀以降に新たに認知された権利と考えていいだろう。当時のアメリカでは著名人の私生活をあばくイエロージャーナリズムが横行しており，それに対抗するため「一人にしておいてもらう権利」が提唱された。これが伝統的なプライバシーの概念である。

　その後，情報化社会が急速に進展し，個人の情報が企業や行政によって収集・管理・活用されることに対する懸念が増大した。プライバシー権は，すべての人に意識される権利になったのである。現代におけるプライバシー権は，「自分の情報を自分でコントロールできる権利」と捉えられている。

（2）個人情報の定義

　プライバシー権を自己情報コントロール権と定義づけたことにより，その範囲を一律に確定することは不可能になった。何をプライバシーの範囲とするかは個人の判断に委ねられ，相手との関係性や場面によっても変動してしまうからである。そこで，法律的には，より明確な「個人情報」という語がもっぱら用いられている。

　個人情報は，「特定の個人と結びついて識別を可能にする情報」などと定義付けられている。たとえば「1963年4月24日」という日付を与えられても，意味がよくわからない。しかしこれに「本章の執筆者の誕生日である」という情報が加わると，元の日付は特定の個人の生年月日として識別される。すなわち，個人情報になるのである。なお，現行の個人情報保護法では，個人情報を「生存する」個人の情報と定義しているが，これは亡くなった人のプライバシーは無視してよいという意味ではない。日々変化する生存者の情報は故人に関する情報とは区別して取り扱う必要があるという考え方に基づいている。

（３）　個人情報の種類

　ビジネスで知り合った相手に今後の連絡先を尋ねることはごく普通に行われる。では，相手の年収を尋ねるのはどうだろうか。連絡先電話番号も年収も，同じ個人情報ではあるが，その取扱いは全く同じというわけにはいかないだろう。個人情報をその性質から以下のように分ける考え方もある。

　　　ベース情報　　　　氏名・生年月日・性別・電話番号　等　←　評価を含まないもの
　　　センシティブ情報　収入・財産・学歴・病歴　等　←　評価的要素を含むもの

　また，思想・信条・宗教・犯罪歴・精神障害などに関する情報は，機微情報と呼ばれ，ビジネスの場では活用してはいけないものと捉えられている。これらの区分には一定の意味があるが，だからといってベース情報だから気軽に扱ってもいいという意味ではない。個人情報を扱う場合，どのような情報であっても，常にプライバシーの観点から慎重な配慮が必要なのである。

（４）　ビジネスにとっての個人情報

　ビジネス活動を遂行するにあたり，個人情報は極めて需要である。ここでは，ビジネスにおける個人情報の意味と，取扱い上の留意点を確認する。

■　なぜ個人情報が重要なのか

　高度経済成長の時代と言われた1960～1980年代は，マス（大量）マーケティングの時代であった。よいモノをより安く，大量に作れば売ることができた。この時期，消費者はひとつのまとまったターゲットであり，AさんBさんという個人情報はあまり重要ではなかったのである。しかし，モノ余り，サービス過剰の現在は状況が異なる。大量消費が望めない時代，一人ひとりのニーズにあった商品やサービスを提案していかなければならない。ワン・ツー・ワン（一人ひとりへの）マーケティングが主流になったことにより，ビジネスにおける個人情報（＝顧客情報）が，飛躍的にその重要度を高めたのである。

■　個人情報の取扱い

　ビジネスの場で個人情報を扱うときの留意点を以下に5つ挙げておく。その個人情報の「持ち主」のプライバシー感情に最大限の配慮をすることが常に求められている。
　　①目的の制限……個人情報は収集の際に約束した目的以外に利用してはならない。
　　②適正な取得……収集の際は何の目的に使うのかを相手に知らせて了解してもらう。

③正確性の維持……変化に対応し，データを常にアップデイトしなければならない。
④安全性の確立……情報が漏洩しないよう十分なセキュリティ対策を採らねばならない。
⑤透明性の確保……個人情報に関する本人からの問い合わせには応じなければならない。

 事例で学ぼう　～個人情報の漏洩～

　2005年の保護法施行以降も個人情報の漏洩は後を絶たない。業界を代表する有名企業が数万人，場合によっては数十万人規模の顧客データを流失させてしまった事例も少なくない。原因は単純な管理上のミスのほか，外部からのネットワークへの不正アクセス，内部の人間による不正行為などさまざまである。こうした個人情報の流失は，企業にとってその信用を失墜させるだけでなく，被害者への補償など金銭的な面も含めて大きなリスクとなる。（損害賠償の支払いを求める判決も既に何件か出ている）。

 過去の大手企業による個人情報流出事件について調べ，その原因や事件発覚後の対処について確認してみよう。

3．インターネットとビジネス

　1990年代後半から普及し始めたインターネットは，今や社会のすみずみに浸透し，私たちの生活に欠かせないインフラとなった。ここでは，インターネットとビジネス活動の関係について概観したうえで，ビジネスワーカーとして心がけておきたいインターネット活用の留意点を確認しよう。

（1）ビジネスにおけるインターネットの活用

■ 電子商取引の基盤として

　電子商取引（EC：Electronic Commerce）は，「各経済団体の経済活動（設計・開発・広告・商取引・決済等）を多様なコンピュータネットワークを利用して実行するシステム」などと定義づけられる。企業間取引（B to B：Business to Business）の場合は，独自のシステムが構築されている場合もあるが，企業対消費者（B to C：Business to Consumer）の場合は，ほぼインターネットショッピングと同義と考えてよい。

　インターネットショッピングは，広告から商取引（決済）までを一元化できるという点で，企業側には大きなメリットがある。一度商取引をしたIDは重要な顧客データとして

活用できる。広告自体もかつては4大媒体（テレビ・新聞・雑誌・ラジオ）中心であったが、現在はインターネット広告がその取扱高においてテレビに次ぐ大きさである。

■ **ビジネスコミュニケーションのバックボーンとして**

本章1節（p.92）で見た企業の情報系システムはインターネット技術で構築される場合が多い。オーダーメイドのネットワークと比べてセキュリティの面ではやや劣るが、安価に構築でき、使用者の利便性も高く、汎用性や拡張性にも優れているからである。

多くの社内システムはインターネットを通じて外部からのアクセスも可能である。営業に出たビジネスワーカーが外出先からモバイル端末で社内システムに入り、商品在庫を確認することなどは一般的に行われる。もちろん、IDやパスワード等でアクセス権限が厳重に管理されていることが前提となる。

（2） ネット活用の留意点

■ **情報収集は複数のソースから**

ビジネス活動に必要な情報をインターネットを通じて収集することにはメリットも多い。ローコストで鮮度の高い情報が手に入る可能性もある。しかし中には個人の思い込みによって書かれたものや、検証不足のものもあり、新聞、雑誌、書籍、テレビなどの既存マスメディアと比べると、十分な信頼性があるとはいえない。インターネットから情報収集する場合は、1つのサイトの情報をうのみにするのではなく、必ず複数のソース（情報源）にあたるように心がけたい。また、ビジネス文書や資料などに引用する場合は、そのサイトのタイトルとURLのほか、情報取得年月日を記すようにする。ネット上の情報は日々更新されるので、何日時点のデータなのかを明らかにする必要がある。

■ **メディアの使い分け**

インターネットは便利なツールだが万能ではない。たとえば、自分のミスによって取引先に迷惑をかけた場合、メールで済ませるのではなく、直接先方を訪問して謝罪する必要がある。急ぎ連絡し、細かいニュアンスも含めて伝え、すぐに相手の反応を知りたい場合は、電話をするのが最適だろう。特にビジネスコミュニケーションにおいては、目的や状況、相手との関係性に応じたメディアの使い分けが必要になる。

図表4-2 機能・特性の面から見たビジネスメディアの比較

	面会	文書	電話	メール
すぐにフィードバックが得られる（即時性）	◎	▲	◎	○
多数の相手に同じ情報を発信できる（同報性）	▲	○	▲	◎
相手との時間を合わせなくてよい（非同期性）	▲	○	▲	○
コミュニケーションの記録を残せる（記録性）	▲	○	▲	○
交渉・調整の手段として機能する	◎	▲	○	○
社交・儀礼の手段として機能する	◎	◎	▲	▲

出典：池内健治編『ビジネスと情報』2002, 実教出版 p.104, 一部改変

■ 公的立場と私的立場のけじめ

　近年のインターネット環境の変化として，ソーシャル・ネットワーキング・サービス（以下SNS）の急速な普及が挙げられる。SNSとは，人と人とのつながりを支援するコミュニティ型のWEBサイトおよびネットサービスのことをいい，ビジネス界においても大いに活用されている。たとえばビジネスワーカーが，自分が現在担当しているイベントを私的に参加しているSNSで告知し，集客につなげることも可能である。SNSのよる情報発信・拡散は，マスメディア的なダイナミズムに，口コミの要素を加えたもので，マーケティングツールとしての有用性が注目されている。

　しかし情報発信にはリスクも伴う。企業の施策としてSNSを活用するのか，個人の立場で発言するのか，場がオープンなのかクローズドなのか，十分状況を確認したうえで，情報発信するよう心がけたい。ネット上にアップしてしまった情報は，時間的にも空間的にも大きな広がりをもち，発信者の手を離れ制御できなくなることを常に意識しておこう。SNS活用ルールを定める企業も増加しており，ビジネスワーカーはこうしたルールに従うとともに，常に自分の情報発信の影響に関する想像力を養う必要がある。

ティータイム

〜知ってる？　インターネット関連用語〜

TCP/IP：	インターネットで採用されている通信手順。
URL：	インターネット上のアドレス（住所）のこと。
ブラウザ：	Webページを閲覧するためのソフトウエアのこと。
サーチエンジン：	インターネット上の情報を検索するためのプログラム。
サーバ：	クライアントの要求するサービスを提供するシステム。ファイルサーバ，メールサーバ，Webサーバなどがある。
デジタルデバイド：	ネット情報に触れることのできる人とできない人の間に生じる情報格差のこと。
ネット依存症：	インターネットの使用時間が極端に長く，依存的な生活習慣を続ける状態のこと。病気の症例として捉えられている。

4．知的財産権の保護

　知的生産活動によって生み出された財産的価値を保護する諸権利を総称して「知的財産権」という。経済の中心がモノから情報へシフトしていく中，これら諸権利の重要性も飛

躍的に高まり，法規制も厳格化された。ビジネスの遂行にあたっては，他者の権利を侵すことのことないよう十分な配慮をしなければならない。知的財産権は，産業目的の「産業財産権」と文化目的の「著作権」に分かれる。

（1） 産業財産権

主なものとして，特許権，実用新案権，意匠権，商標権がある。いずれもその権利を発生させるには登録が必要（方式主義）で，先に申請した者に権利が生まれる[*3]。

■ **特許権**
新規性と進歩性を兼ね備えた高度な「発明」を保護するもの。保護期間20年。

■ **実用新案権**
物品の構造や組み合わせを工夫した「アイディア」を保護するもの。保護期間10年。

■ **意匠権**
建物や工業製品などの美的な「デザイン」を保護するもの。保護期間20年。

■ **商標権**
商品名やシンボルマークなどの「商標」を保護するもの。保護期間10年。

たとえば，企業活動で優れた発明が生まれる場合，その権利を独占するため，特許登録が必要となる。特許権は，すぐれた発明の技術を公開する代りに，一定期間（20年），使用の独占権を得るものである。また，商標権の保護期間は10年だが，更新が可能なため，企業は自社のロゴマークなどを継続して使用することができる。

（2） 著作権

著作権とは，著作物に関する権利である。著作物とは，著作権法により，「思想または感情を創作的に表現したものであって，文芸・学術・美術・音楽の範囲に属するもの」と定義づけられており，それら一つひとつには，著作者（またはその権利の継承者）に著作権が認められている。

産業財産権とは異なり，著作権は著作物が完成した時点で自然発生する（無方式主義）。

なお，著作権は著作物に関連したさまざまな権利の総称であり，大きくは著作人格権と著作財産権（狭義の著作権）に分かれる。次頁に，主なものをまとめておく。

[*3] このような早い者勝ちの考え方を「先願主義」という

著作権の概要

○著作人格権

著作者の人格的,または精神的利益を保護する権利。

- 公表権
  いまだ発表されていない著作物を公衆に提供し,公表する権利。
- 氏名表示権
  著作物を公表する際,実名,変名,匿名のいずれにするか決定する権利。
- 同一性保持権
  自分の著作物の内容を勝手に改変されない権利。

○著作財産権（狭義の著作権）

著作者（またはその権利を継承した者）の財産的利益を保護する権利。
（主なもの）

- 複製権
  印刷・複写・録音・録画などの方法で著作物を有形に再生する権利。
  （著作権＝copy right の中でももっとも主要な権利と考えられている）。
- 公衆送信権
  公衆によって直接受信されることを目的に著作物を送信する権利。
  （テレビ,ラジオ,インターネットなど有線,無線に関わらず適用）。
- 翻案権
  著作物を変形,脚色するなど,自己の創作に活用する権利。
  （小説の映画化や,漫画のアニメ化などはこれにあたり,許可が必要）。
- 翻訳権
  著作物を外国語に翻訳する権利。
- 展示権
  美術および未発行の写真の著作物の原作品を公に展示する権利。
- 二次的著作物の利用権
  自分の著作物から生まれた二次的著作物に対して原著作者が保有する権利。
  （二次的著作物の著作者と同等の権利が与えられる）。

（3） 著作物のビジネス利用

ビジネスで他人の著作物を使用する場合は，著作権者の許可を得ることが原則である。ただし，たとえば社内資料を作る際，自説の根拠として他人の書いた論文や調査データの一部を使うことは例外的に認められており，これは「引用」と呼ばれる。引用には，以下の4つの要件が求められている。

① 公表された著作物の引用であること。
② 公正な慣行に合致していること。
③ 正当な範囲で行われること。
④ 引用箇所を明確にし，どこから引用したのか出所を明示すること。

 事例で学ぼう　～知的財産権訴訟～

知的財産は，企業の重要な資産であり，侵害された場合には，訴訟に至ることも少なくない。たとえば特許権の侵害で訴えられ，巨額の支払いを求められる可能性もある。企業は自社の諸権利を守ることはもちろん，他社の権利を侵さないように十分な配慮をすることが求められている。

 近年の知的財産権訴訟を1つ取り上げて詳しく記録を調べてみよう。

5．情報化時代を生き抜くために

ドッグイヤー*4 と呼ばれるスピードで，社会の情報化が進んでいる。インターネットをバックボーンとした情報ネットワーク社会の到来はビジネスの可能性も飛躍的に広げた。若い世代によるベンチャービジネス*5 の成功もその恩恵によるところが大きい。

しかし，「便利」「自由」をただ享受するだけでなく，その利便性が私たちに新たな課題を突きつけていることも忘れてはならない。情報化により定型業務は減少し，真に付加価値を生み出すことのできる人材のみが求められるようになってきた。ネット上のコミュニケーションの在り方や他者の権利についても，従来以上の想像力と配慮が欠かせない。現代のビジネスワーカーは急速に進展する情報化社会の中で，より一層の高いスキルと倫理観を持つことが求められていることを銘記しておかなければならないだろう。

＊4　情報化の進展の速さを表す言葉。犬が1年で人間の7年分年をとることからきている
＊5　新しい技術や高い専門性を武器に，革新的な事業を展開する新興企業のこと

第３部
サブノート

　このサブノートは３部式の資料として，必要なページを必要な時に切り離して利用できる構成となっている。

　まず，毎回の授業の復習として活用できる「ふりかえり」シートである。次は，本文の学びの延長上の知識として，社会性を身につけるうえで知っておきたい用語を，政治・時事，経済・環境の分野に分けて説明した。最後は，就職試験や秘書検定・サービス接遇検定等の検定対策となる，一般常識テストを組み入れた。

　使い方や時間を工夫して，より充実したビジネス実務総論の学びとしよう。

月　日	ふりかえり（1）	学籍番号		氏名	

1. 次の空欄を埋めてください。
   - ビジネスとは，「（　　　・　　　）の目的で，（　　　）的に事業を経営する企業と企業，企業と（　　　）の活動」である。
   - ナレッジとは，（　　　　　　　　　　　　　　　　）のことである。
   - M＆Aとは，企業の（　　　・　　　）のことである。
   - 経営資源とは，ヒト・（　　　）・（　　　）・（　　　）・ナレッジのことである。

2. 「企業革新」について，わかったことや知っていることを書いてください。

　　……
　　……
　　……
　　……

3. 今日の授業で新しく知ったことや印象に残った言葉など，感想を書いてください。

ふりかえりシート　105

| 月　日 | ふりかえり (2) | 学籍番号 | | 氏名 | |

1. 次の空欄を埋めてください。
   ・法人とは，（　　　）上，人間と同じように（　　　・　　　）を有する，人格と同様に扱われる組織のことである。
   ・終身雇用とは，（　　　　　　　　　　　　　　　　　）ということである。
   ・ステークホルダーとは，（　　　　　　）と訳され，従業員・（　　　）・（　　　）・労働組合・（　　　）・（　　　）・（　　　）など，多様な立場がある。

2. 「コンプライアンス」について，わかったことや自分の考えを書いてください。
   ....
   ....
   ....
   ....

3. 今日の授業で新しく知ったことや印象に残った言葉など，感想を書いてください。

| 月　日 | ふりかえり（3） | 学籍番号 | | 氏名 | |

1. 次の空欄を埋めてください。
   - 私企業の目的は，（　　　　　　　　）と社会に貢献することである。
   - 企業が経営を行ううえでの根本的な考え方，哲学・信念・目標とする理想を，（　　　　　　　　）という。
   - 企業は出資先によって，私企業・（　　　　　　）・（　　　　　　）の，大きく3つに分かれる。
   - 出資者の責任範囲を有限と無限に分けると，株式会社と合同会社の出資者は（　　　　　　　　）責任である。
   - 株式会社の最高の意思決定機関は（　　　　　　　　）で，株式会社の最高の業務執行意思決定機関は，（　　　　　　　　）である。
   - 企業の会計や業務が適正か否かを検証する（　　　　　　　　）は株主総会で選ばれる。
   - 企業の組織は方針を決定し，経営計画を立てる（　　　　　　）層，計画を具体化して下部へ指示し，仕事の結果を検討し，上部へ報告する（　　　　　　　　）層，現場を管理する（　　　　　　）層，仕事を実施する（　　　　　　　　）層に分かれる。

2. 株式会社について，わかったことや知っていることを書いてください。
   ....
   ....
   ....
   ....

3. 今日の授業で新しく知ったことや印象に残った言葉など，感想を書いてください。

| 月　日 | ふりかえり（4） | 学籍番号 | | 氏名 | |

1. 次の空欄を埋めてください。
   ・企業で，直接売上につながる業務を担当する部門を（　　　　　）といい，その活動を間接的に補助する部門を（　　　　　）という。
   ・本来の営業活動から得られる利益を（　　　　　）といい，通常の事業活動から得られる利益を（　　　　　）という。
   ・企業が財産の状況や（　　　　　）などを，ステークホルダーに報告するために作成する書類を（　　　　　）という。
   ・それぞれの企業が属している事業の種類を（　　　　　）といい，業務内容によって分けた個人レベルの仕事の種類を（　　　　　）という。

2. 企業の収益と費用・利益について，わかったことや知っていることを書いてください。

   ....
   ....
   ....
   ....

3. 今日の授業で新しく知ったことや印象に残った言葉など，感想を書いてください。

| 月　日 | ふりかえり (5) | 学籍番号 | | 氏名 | |

1. 次の空欄を埋めてください。
   - 経済は，（　　　　）部門・（　　　　）部門・政府部門の3つの経済主体から成り立っている。
   - モノやサービスを欲しいと思う気持ちのことを（　　　　）といい，モノやサービスといった製品を生み出す行動を（　　　　）という。
   - デフレとは，（　　　　　　）の略称で，継続的にモノやサービスの値段が（　　　　）続け，経済全体が（　　　　）していく現象をいう。
   - （　　　　　　　　　　）とは，物価の上昇と景気後退が同時に起こる現象をいう。

2. 「円高」「円安」のしくみについて，下記の問に答えてください。
    1ドル＝100円だった為替レートが，1ドル＝110円になった場合，ドルから見ると，円の価値が（　　　　　）ことになるので，この場合は（　　　　　）となる。

3. 今日の授業で新しく知ったことや印象に残った言葉など，感想を書いてください。

| 月　日 | ふりかえり (6) | 学籍番号 | | 氏名 | |

1. 次の空欄を埋めてください。
   ・戦後18年続いた高度成長期が終焉した要因となった経済的な事象は，1973年に起こった（　　　　　　　）である。
   ・バブル経済の崩壊や，リーマン・ショックなどの戦後最大の金融危機により，日本は（　　　　　　　）という，長い（　　　　　　　）の時代に入っていったことになる。
   ・2008年秋に起こった，世界的な金融危機および世界同時不況の事象を（　　　　　　　）という。
   ・高度経済成長の弊害として問題になったさまざまな公害問題は，企業を相手に（　　　　　　　）訴訟へと発展した。

2. 「バブル経済」について，わかったことや知っていることを書いてください。

   ....
   ....
   ....
   ....

3. 今日の授業で新しく知ったことや印象に残った言葉など，感想を書いてください。

| 月　日 | ふりかえり（7） | 学籍番号 | | 氏名 | |

1. 次の空欄を埋めてください。
   ・発展途上国を示す主な総称としては，（　　　　）・（　　　　）・（　　　　　）がある。
   ・先進国が新興国に進出する場合，低い（　　　　　）と，豊富な（　　　　　）が大きな要因となる。
   ・近年増加している訪日外国人のことを（　　　　　　），海外に出国する日本人旅行者のことを（　　　　　　）という。
   ・世界遺産の登録を行なっているのは，国連の（　　　　　　　）である。
   ・新興国への発展支援として，上下水道や（　　　　　　）などの（　　　　　　）整備がある。

2. インバウンドが日本にもたらす影響について，考えられるものを挙げてください。

   ....
   ....
   ....
   ....

3. 今日の授業で新しく知ったことや印象に残った言葉など，感想を書いてください。

月　日	ふりかえり（8）	学籍番号		氏名	

1. 次の空欄を埋めてください。
   ・日本女性が生涯に産む子供の数が1.46人と減少し，（　　　　　　）が長くなった社会現象を，（　　　　　　　　　）という。
   ・ダイバーシティとは，（　　　　　　　　　　　　　　　　　）である。企業がダイバーシティを推進すると，働く人々には（　　　　　　　　　），企業には（　　　　　　　　　　）などのメリットがある。
   ・非正規雇用の待遇改善には，（　　　　　　　　　）が一つの是正策となる。
   ・個人の生活の多様性を尊重しようと，2007年に（　　　　　　　　）が策定された。
   ・私たちのキャリアは，仕事生活の（　　　　　　　）と，仕事以外の生活である（　　　　　　　）で形作られる。

2. 社会人として心がける自己管理について説明してください。

   ....
   ....
   ....
   ....

3. 今日の授業で新しく知ったことや印象に残った言葉など，感想を書いてください。

月　日	ふりかえり (9)	学籍番号		氏名	

1. 次の空欄を埋めてください。
   - 税を賦課することを（　　　　）といい，税を納めることを（　　　　　）といい，税を徴収することを（　　　　　　）という。納期限までに納めなければ（　　　　　　　）を受ける。
   - 国に納める税金を（　　　　　）といい，地方公共団体に納める税金を（　　　　）という。
   - 税金を納める人と税の負担者が同じ税金を（　　　　　）といい，税金を納める人と税の負担者が異なる税金を（　　　　　）という。
   - 所得の多い人ほど高い比率で課税される制度を（　　　　　　　）という。

2. 税の役割と納税することについて，どう思いますか。自分の考えを書いてください。

   ....
   ....
   ....
   ....

3. 今日の授業で新しく知ったことや印象に残った言葉など，感想を書いてください。

| 月　日 | ふりかえり（10） | 学籍番号 | | 氏名 | |

1. 次の空欄を埋めてください。
   - 公的社会保険は（　　　　　）と（　　　　　　）に分けられる。
   - 労働保険は，労働者の事故や病気に対する（　　　　　　）と，労働者が失業した
     ときの生活を守るための（　　　　　　　）とがある。
   - 労働者を守る最も基本となる法律は（　　　　　　　　）で，それを守らせ，
     労災保険の給付を行うために（　　　　　　　　　　）がある。
   - 労基法による1日の労働時間は（　　）時間で，週（　　　）時間である。それ
     以上に残業させる場合は，事業者と労働者の間で（　　　　　　　）を締結し，
     届け出なければならない。
   - （　　　　　　　　　　）は，入社時に事業者と労働者が合意の下，署名と捺印を
     して取り交わす文書である。

2. 入社時に取り交わす文書に書かれていなければならない事項を3点書いてください。
   ....
   ....
   ....
   ....

3. 今日の授業で新しく知ったことや印象に残った言葉など，感想を書いてください。

| 月　日 | ふりかえり (11) | 学籍番号 | | 氏名 | |

1. 企業の人材育成の方法は，2つのタイプに分けられます。その2つを答えてください。

2. あなたが高めたい能力を，「社会人基礎力」の「能力要素」の項目から，2つ選んでください。

3. 2で選んだ能力を高めるために，どんな経験が必要だと思いますか。また，その経験をするための計画を立ててみましょう。

能力要素	どんな経験が必要か
	計画

| 月　　日 | ふりかえり（12） | 学籍番号 | | 氏名 | |

1. 次の空欄を埋めてください。
   - ビジネスにおける情報管理は，迅速性，（　　　　），（　　　　）をすべて満たすように進められなければならない。
   - 企業が構築している情報ネットワークシステムには，ビジネスの根幹を支える（　　　　）システムと，業務上のコミュニケーションや情報共有をサポートする（　　　　）システムがある。
   - 財産権としての著作権には，印刷・複写・録画などの方法で著作物を有形に再生する（　　　　）権，不特定多数の人々に直接受信されることを目的に著作物を送信する（　　　　）権などがある。

2. ビジネスにおいて「個人情報」を取り扱う際に留意しなければならない点は何か。5つ挙げてください。

3. 今日の授業で新しく知ったことや印象に残った言葉など，感想を書いてください。

| 月　日 | 政治・時事 | 学籍番号 | | 氏名 | |

◇政治と時事に関する用語を学んでおこう。

用語	説明
日本国憲法の三大原則	国民主権・平和主義・基本的人権の尊重
国民の三大義務	教育を受けさせる義務・勤労の義務・納税の義務
三権分立	立法権（国会）・司法権（裁判所）・行政権（内閣）
労働三法	労働基準法・労働組合法・労働関係調整法
経済三団体	日本経団連（日本経済団体連合会）・日商（日本商工会議所）・同友会（経済同友会）
NIES（ニーズ）	新興工業経済地域（ブラジル・スペイン・メキシコ・香港・台湾・韓国・シンガポールなど）
GDP（国内総生産）	国内のみで生み出した財やサービスなどの付加価値の総額。国際的な経済力を比較するときによく用いられる
産業の空洞化	例えば，日本の企業が円高や販売を考えて生産拠点を海外へ移し，国内での生産拠点や雇用機会などが減少する情勢
持ち株会社	ホールディング・カンパニー。投資目的ではなく，グループ内の他の会社を支配することを目的として，他の会社の株式を保有する会社
特殊法人	公共の利益や国策のために，特別法で設置された法人。公団や政府系金融機関，各種事業団など
ICT	通信・伝達・交流の要素を含む情報通信技術 ITと同義語
オンブズマン	公権力の乱用から国民の自由や権利を保護するため，議会や行政府から任命されたものが，行政の監視や公務員の活動に対する国民の苦情処理などを行う

月　日	経済・環境	学籍番号		氏名	

◇経済と環境に関する用語を学んでおこう。

用語	説明
赤字国債	税金収入が不足し，国の財政が赤字となったとき，広くお金を集めるために発行する国の債券
為替相場	異なる国の通貨を交換するときの比率（為替レート）
公的年金	国が国民の老後の生活を保障するために支給する生活費
コスト・インフレ	原料や人件費などの生産コストが上がることによる価格上昇
セーフティネット	生活や安全を守るための保護・保障
中央銀行	国のお金やお金に関するシステムの管理や発券を行っている銀行。日本では日本銀行
京都議定書	先進国の排出する二酸化炭素・メタンなど，6種類の温室効果ガスの削減を目指す国際的取り決め
ヘッジファンド	コンピュータを使い，金融派生商品を活用して大きな投資収益を追求とする集団
モラルハザード	道徳的危険や倫理観の欠如，保障などにより，却っていい加減な気持ちになること。保険が経済性非効率を生む現象
G20（G7は太字国）	主要国大蔵大臣・中央銀行総裁会議（**米・英・仏・独・日・加・伊**・印・中・露・豪・韓・ブラジル・アルゼンチン・メキシコ・インドネシア・サウジアラビア・トルコ・南アフリカ共和国・EU）
ファンダメンタルズ	国の経済力をみるための経済の基礎的な条件（経済成長率・国際収支・物価上昇率・失業率など）
3R	リユース（再使用）・リサイクル（再生利用）・リデュース（廃棄物発生抑制）
ゼロミッション	廃棄物を徹底分別し，リサイクル促進すること

月　日	県庁所在地	学籍番号	氏名

◇次の都道府県の地域名と県庁所在地を，例にならって記入してください。

都道府県	地域	県庁所在地
北海道	北海道	札幌市
岩手		
宮城		
群馬		
栃木		
茨城		
埼玉		
神奈川		
山梨		
愛知		
石川		
三重		
滋賀		
兵庫		
島根		
香川		
愛媛		
沖縄		

| 月　日 | 財務用語 | 学籍番号 | | 氏名 | |

◇次の説明に合致する用語を，下記の語群から選んでください。

用語	説明
財務諸表	企業の状態や活動状況などを明らかにしたもの。損益計算書や貸借対照表・営業報告書など
固定資産	企業が長期的に所有する財産や権利。土地・建物・機械・車両・船舶・備品。営業権・特許権・借地権など
監査役	業務が正しく行われているのか，企業の経理・財務などをチェックする役員
減価償却	建物や機械などの固定資産に関して，使用と時間の経過によって価値が減った分を費用とみなし，会計上の処理をすること
線引小切手	小切手の所有者の預金口座を通さないと現金化できない小切手。横線小切手ともいう
連結決算	親会社と子会社を同一企業体とみなして，財務諸表を作成すること
社債	株式会社が資金を得るために発行する債券のこと。一般の人に販売することで事業資金を調達するもの
源泉徴収	給与所得や利子所得を支払うときに，支払い者が所得税を天引きして国に納めること
公定歩合	日本銀行が，市中金融機関に貸し出しを行う際の金利
デフレ	物価下落。景気後退時におこる現象
円高	外国通貨に対して円の価格が高くなり，輸出が不利となる（例：1ドル130円が100円になること）

【語群】
　　　源泉徴収，円安，財務諸表，公定歩合，社債，連結決算
　　　線引小切手，減価償却，固定資産，デフレ，監査役，円高

時事用語

| 月　日 | 時事用語 | 学籍番号 | | 氏名 | |

◇次の用語の正式名称を，下記の語群から選んで記入してください。

用語	読み方	正式名称
OPEC		
NGO		
ODA		
APEC		
WTO		
ASEAN		
GNP		
OECD		
IMF		
ILO		
IAEA		
ISO		
TPP		
NIES		

【語群】
　　新興工業経済地域，石油輸出国機構，環太平洋パートナーシップ
　　東南アジア諸国連合，国民総生産，アジア太平洋経済協力会議
　　国際原子力機関，国際標準化機構，非政府組織，国際通貨基金
　　世界貿易機関，経済協力開発機構，国際労働機関，政府開発援助

| 月　日 | カタカナ語（1） | 学籍番号 | | 氏名 | |

◇次の説明に合致するカタカナ用語を，下の語群から選んでください。

用語	説明
	共通の生活圏・地域・関心・目的のもとに形成された集団
	規模が大きいほど生産性や経済効率が向上すること
	顧客・依頼人・広告主・取引先
	機能・作用
	仲介手数料
	現金や料金を前払いして商品を購入したり，サービスを利用したりすること
	生物を工学的見地から研究し，応用する技術。生物工学。
	独創性・新規性の高い技術・製品・サービスを導入し，新しい分野・市場を開拓して成長する事業・企業
	特許権・商標権・著作権などの使用料
	業務を外部へ委託する経営手法
	情報公開
	環境対策のために，動力源としてエンジンとモーターを併用した車

【語群】
　　アウトソーシング，ベンチャー（・ビジネス），ハイブリット車，
　　コミュニティ，ディスクロージャー，クーリングオフ，
　　バイオテクノロジー，コミッション，ロイヤリティー，
　　ファンクション，スケールメリット，クライアント，プリペイド，

| 月　日 | カタカナ語（2） | 学籍番号 | | 氏名 | |

◇次の説明に合致するカタカナ用語を，下の語群から選んでください。

用語	説明
	商品の評判や消費者の動向調査
	人員削減などによる事業内容の再構築
	2つ以上の会社の共同出資によって設立された会社
	技術革新
	企業が経営・活動を行ううえで，法令や規則などのルールや社会的規範などを守ること。法令遵守
	企業活動などで，特別な目的のために編成されたチーム。タスクーフォース
	職場のモラール（従業員の意気込み・労働意欲）について実態を調査すること
	分析家・研究員
	政治上の方策・方針・政策・政略・目標
	人工頭脳
	意見の一致・合意・共感
	代理業・代理店
	（保証金の意）出演料・契約金

【語群】
　　　プロジェクトチーム，セーフガード，ガイドライン，AI
　　　モラールサーベイ，リストラクチャリング，コシューマ・リサーチ
　　　エージェンシー，ジョイントベンチャー，コンプライアンス
　　　イノベーション，アナリスト，コンセンサス，ギャランティー

| 月　日 | カタカナ語（3） | 学籍番号 | | 氏名 | |

◇次の説明に合致するカタカナ用語を，下の語群から選んでください。

用語	説明
	大自然などを実際にみることで，環境問題への関心を高めようという考え方
	少子化に歯止めをかけるため，働く女性の育児支援を行う，各行政の計画
	メーカーなどが消費者ニーズをさぐるためや，製品PRを行うための直営店舗
	首脳会議。主要国や主要先進国の首脳会議など
	コンピューターで処理された情報。映像・音楽・数値・辞書などがある
	企業の中で，消費者相談・商品テスト・商品開発・広報などを行い，企業と消費者とのパイプ役となる人
	障害者・高齢者等社会的弱者が差別されることなく，普通に一般の人と共に暮らす社会があたりまえとする理念
	企業内の情報に通じた人が，未発表の重要な情報を入手し，株式売買に利用する不公正取引
	がん末期の患者を専門に扱う病院。延命より苦痛をやわらげ，穏やかな終生を目指す治療
	総合建設請負業者・大手建設会社

【語群】

アイデンティティ，アンテナショップ，エコツーリズム，ホスピス
コストパフォーマンス，サミット，コンテンツ，ライフライン，ゼネコン，
ヒーブ，ノーマライゼーション，エンゼルプラン，インサイダー取引

月　日	その他	学籍番号	氏名

◇次の説明に合致する用語を，下記の語群から選んでください。

用語	説明
ペイオフ	金融機関の破綻時に，預金者への払戻金を制限すること
サブプライムローン	米国の信用度が低い所得者向けの住宅ローン
CEO	最高経営責任者
ニッチ	大手が進出しないような隙間
バイオエタノール	サトウキビなどの植物を原料とした，アルコール系燃料
ユビキタス	いつでも・どこからでも，通信ネットワークが活用できること
PL法	製造物責任法
ジョイントベンチャー	複数の建設会社などが共同出資した企業体
ヒートアイランド	排熱の増加によって，局地的に起きる都市の高温化
リコール	欠陥商品などをメーカーが無償で回収し，修理すること
FTA	関税優遇など，特定の国との間で結ぶ自由貿易協定
サーチャージ	航空運賃とは別に，燃料代を徴収すること
FRB	アメリカ連邦準備制度理事会。アメリカ連邦の中央銀行の運営機関
アセスメント	評価・査定・事前評価

【語群】
　　サーチャージ，PL法，リコール，ペイオフ，CEO
　　ジョイントベンチャー，FRB，ユビキタス，POS
　　ニッチ，FTA，サブプライムローン，アセスメント
　　バイオエタノール，アセスメント，ヒートアイランド

| 月　日 | 助数詞 | 学籍番号 | | 氏名 | |

◇次のさまざまなものの数え方を，記入してください。

物	助数詞（単位）	物	助数詞（単位）
机		議案	
イス		花輪	
エレベーター		花	
イカ		寄付	
羊羹		カップと皿	
ビル		家	
箸		絵画	
薬		表彰状	
海苔		織物	
封書		将棋・碁	

参考資料・文献

青木丈『税法で読み解く！ 法令用語と立法の基礎知識』税務経理協会，2013

芥川靖彦・篠崎雄二『図解 わかる税金 2016—2017 年版』新星出版社，2016

アトキンソン，デービッド『新・観光立国論：イギリス人アナリストが提言する 21 世紀の「所得倍増計画」』東洋経済新報社，2015

池上彰『知識ゼロからの池上彰の世界経済地図入門』幻冬舎，2011

池内健治編著『ビジネスと情報』実教出版，2002

岩井洋・奥村玲香・元根朋美『プレステップキャリアデザイン』弘文堂，2012

内海成治・中村安秀編『新ボランティア学のすすめ：支援する／されるフィールドで何を学ぶのか』昭和堂，2014

NPO 法人クロスフィールズ 新興国「留食」プログラム http://crossfields.jp/service/transfer_program/，2017-02-08

大島武・池内健治・椿明美・水原道子・見舘好隆「ビジネス実務分野における汎用能力とその教育方法」「日本ビジネス実務学会委託研究報告書」一般財団法人全国大学実務教育協会，2010

大島武・畠田幸恵・山口憲二編著『ケースで考える情報社会：これからの情報倫理とリテラシー』三和書籍，2010

大前研一監修，good.book 編集部編『日本の未来を考える 6 つの特別講義』masterpiece，2016

岡本榮一・菅井直也・妻鹿ふみ子編『学生のためのボランティア論』社会福祉法人大阪ボランティア協会，2006

小野純『社会保険マニュアル Q＆A：この 1 冊で実務のポイントがすぐわかる！』平成 28 年度版，税研情報センター，2016

加藤知美『図解 最新 会社で使う社会保険・給与計算・労務法律用語辞典：重要事項＆用語』三修社，2016

金森久雄・荒憲治郎・森口親司編『経済辞典』第 5 版，有斐閣，2013

上林憲雄・奥林康司・團泰雄・開本浩矢・森田雅也・竹本明『経験から学ぶ経営学入門』有斐閣，2007

教育再生実行会議「これからの時代に求められる資質・能力と，それを培う教育，教師の在り方について（第七次提言）」内閣府，平成 27 年 5 月 14 日 http://www.koho2.mext.go.jp/188/voice/188_F02.html，2016-08-31

経済産業省 社会人基礎力に関する研究会「―中間とりまとめ―」（平成 18 年 1 月）http://www.meti.go.jp/policy/kisoryoku/chukanhon.pdf，2017-02-08

厚生労働省「平成 28 年版　労働経済の分析：誰もが活躍できる社会と労働生産性の向上に向けた課題」http://www.mhlw.go.jp/wp/hakusyo/roudou/16/dl/16-1.pdf，2017-02-08

厚生労働省「平成 27 年版 厚生労働白書」http://www.mhlw.go.jp/wp/hakusyo/kousei/15/，2017-02-08

国税庁「これからの社会と税」http://www.nta.go.jp/shiraberu/ippanjoho/gakushu/hatten/page12.htm?non，2016-10-12

国土交通省観光庁「訪日外国人消費動向調査」http://www.mlit.go.jp/common/001139309.pdf，2017-02-08

国立社会保障・人口問題研究所「日本の将来推計人口（平成 24 年 1 月）」http://www.ipss.go.jp/syoushika/tohkei/newest04/sh2401top.html，2017-02-09

小峰隆夫『最新 日本経済入門』第 5 版，日本評論社，2016

佐久間信夫編『よくわかる企業論』ミネルヴァ書房，2006

桜井政成・津止正敏編著『ボランティア教育の新地平：サービスラーニングの原理と実践』ミネルヴァ書房，2009

渋谷博史・河﨑信樹・田村太一編『世界経済とグローバル化』学文社，2013

嶋村紘輝・横山将義『図解 雑学ミクロ経済学』ナツメ社，2003

荘司芳樹『図解 わかる労働基準法』新星出版社，2016

新村出編『広辞苑』第 6 版，岩波書店，2008

須田邦裕監修『マンガでわかる！　税金のすべて』成美堂出版，2016

総務省「地域連携」 地域づくり活動 http://www.soumu.go.jp/main_sosiki/jichi_gyousei/c-gyousei/ikigakurenkei.html，2017-02-08

総務省「平成 24 年度版　情報通信白書」http://www.soumu.go.jp/johotsusintokei/whitepaper/h24.html，2017-02-08

総務省統計局「労働力調査（基本集計）平成 28 年（2016 年）12 月分」http://www.stat.go.jp/data/roudou/sokuhou/tsuki/，2017-02-09

高橋伸夫『大学 4 年間の経営学が 10 時間でざっと学べる』KADOKAWA，2016

東京 IT 新聞 2015 年 7 月 1 日

中原圭介『ビジネスで使える経済予測入門：小さな変化で大きな流れを見極める』ダイヤモンド社，2016

西村健一郎・村中孝史編『働く人の法律入門：労働法・社会保障法・税法の基礎知識』有斐閣，2006

日経 HR 編集部編著『日経キーワード 2016—2017』日経 HR，2015

日経ビジネス 2012 年 7 月 30 日号

日本経済新聞社編『これからの日本の論点：日経大予測』日本経済新聞出版社，2016

日本政府観光局（JNTO）「訪日外客数の動向」http://www.jnto.go.jp/jpn/statistics/marketingdata_outbound.pdf，2017-02-08

野口悠紀雄『戦後経済史：私たちはどこで間違えたのか』東洋経済新報社，2015

土方千代子・西川昌祐・小川亮『ポケット図解 経営学がよ〜くわかる本』秀和システム，2016

平野和之『ゼロからわかる経済入門：基本と常識』西東社，2009

福井健策『18 歳の著作権入門』ちくまプリマー新書，2015

北海道ニセコ町「数字で見るニセコ 2015 年 5 月版」http://www.town.niseko.lg.jp/machitsukuri/tokei/toukei.html，2017-02-08

松田千恵子『これならわかるコーポレートガバナンスの教科書』日経 BP 社，2015

松村明編『大辞林』第 3 版，三省堂，2006

水原道子編著『キャリアデザイン：社会人に向けての基礎と実践』樹村房，2016

水原道子編著『ビジネス実務総論：企業と働き方』樹村房，2011

森戸英幸『プレップ労働法』第 2 版，弘文堂，2008

文部科学省「地（知）の拠点大学による地域創生推進事業（COC ＋）http://www.mext.go.jp/a_menu/koutou/kaikaku/coc/，2017-02-08

山田博文『99 ％のための経済学入門：マネーがわかれば社会が見える』第 2 版，大月書店，2016

「よくわかる現代経営」編集委員会編『よくわかる現代経営』ミネルヴァ書房，2004

吉田和夫・大橋昭一監修『最新 基本経営学用語辞典』改訂版，同文舘出版，2015

ワールドエコノミー研究会『図解 一目でわかる！ 世界経済地図：これから 3 年後，伸びる国，沈む国』PHP 研究所，2013

［執筆者］

水原　道子	前大手前短期大学 教授〈編著〉	第1部第1章，第3部	
大島　　武	東京工芸大学 教授〈編著〉	第2部第4章	
上田　知美	四天王寺大学短期大学部 准教授	第1部第3章	
岡田小夜子	大妻女子大学短期大学部 教授	第1部第2章	
坪井　明彦	高崎経済大学 教授	第2部第3章	
髙橋眞知子	名古屋経営短期大学 教授	第2部第2章	
野坂　純子	大手前短期大学 教授	第1部第4章	
森山　廣美	四天王寺大学短期大学部 教授	第2部第1章	

新版　ビジネス実務総論

平成23年4月5日　初版第1刷発行
平成27年2月18日　第3刷
平成29年3月23日　新版第1刷発行
令和2年2月27日　新版第2刷

検印廃止

編著者Ⓒ　水原　道子
　　　　　大島　　武
発行者　　大塚　栄一

発行所　株式会社 樹村房

〒112-0002 東京都文京区小石川5丁目11番7号
電　話　03-3868-7321
Ｆ Ａ Ｘ　03-6801-5202
http://www.jusonbo.co.jp/
振替口座　00190-3-93169

組版・印刷／美研プリンティング株式会社
製本／有限会社愛千製本所

ISBN978-4-88367-276-9

乱丁・落丁本はお取り替えいたします。